D1504984

ADELANTE

# Nueva GRAN cocina
## mexicana

### Una selección del más fino arte culinario

MARTHA CHAPA,
Compiladora

**AGUILAR**

© De esta edición:
2011, Santillana USA Publishing Company, Inc.
2023 N. W. 84th Avenue
Doral, FL, 33122
(305) 591-9522
www.santillanaedicionesgenerales.com/us

ISBN 978-1-61605-865-4

Nueva Gran Cocina Mexicana
D.R. © La Buena Estrella Ediciones, S.A de C.V.
Amado Nervo No. 53-C, Col. Moderna
México 03510, D.F.

También disponible en E-book.

Recetas originales y compilación
Martha Chapa

Coordinador
Antonio Hernández Estrella

Edición y Diseño
Cynthia Monterrosa Castillo

Dirección de Arte y Estilismo Culinario
Chef Carlos Iván Ortiz García

Equipo Chef
Chef Zugey García Palomares
Chef Elliot Ortiz García

Fotografía
Agustín Ramírez Estrella

Corrección
Mario Enrique Figueroa
Rafael Cervantes Aguilar
Valeria Ruiz

Agradecimiento especial a Rosa María García Hidalgo
por las facilidades para la realización del libro.

3 1232 00946 2583

Entre los placeres que la vida y los dioses le han deparado al ser humano, los de la mesa no van a la saga de otros igualmente deleitosos. Pensemos, por ejemplo, en el erotismo y en el arte, para establecer dos referentes privilegiados. Y cada uno de estos ámbitos (la gastronomía, el gozo corporal, las manifestaciones artísticas) nos reservan, en los momentos especiales y, de ser posible, elegidos, las gratificaciones a que nos hemos hecho acreedores tras las arduas batallas y pugnas cotidianas.

Y justamente, en la obra que hoy presentamos, una excelente pintora, con numerosas exposiciones nacionales e internacionales, nos invita a penetrar en el amplísimo campo de la cocina mexicana.

Así, desde su actividad pictórica, ese otro escenario casi infinito de representaciones, ideas y emociones (en el caso de Martha Chapa, a partir de su leit motiv esencial, insustituible: la o las manzanas), la autora nos propone una gozosa incursión en las delicias culinarias de nuestro país, las cuales son tan vastas, diversas y coloridas como sus propios lienzos.

Ha aquí un fascinante y, por qué no decirlo, goloso recetario que incluye platillos tradicionales, pero asimismo novedades representadas por versiones muy personales (a partir de recetas tradicionales) o verdaderas innovaciones gastronómicas de familiares y amigas de la autora de este libro.

De la frontera norte a la frontera sur (sin olvidar sus colindancias) y del Océano Atlántico al Océano Pacífico, aquí están representadas prácticamente todas las cocinas del país y la manera de preparar cada platillo con economía de palabras e ingredientes, con sencillez expresiva.

Y éste es uno de los méritos grandes del ejemplar recetario que ahora se publica: salvo los casos de recetas que tradicionalmente han requerido numerosos ingredientes y meticulosa preparación (como pueden ser los exquisitos moles poblano o de olla), la gran mayoría de las recetas incluidas por Martha Chapa son sencillas, no requieren saberes especiales de chef o de alta cocina para elaborarlos, lo que además las convierte en soluciones económicas para preparar los menús cotidianos.

Basta un ligero repaso al índice del libro para empezar a frotarse las manos, como decían nuestros abuelos, ante la posibilidad de preparar y degustar unos papadzules, una birria, un pavo al estilo de la madre de Martha Chapa, un faisán y muchos otros platillos con salsas borracha, negra o agridulce, acompañados por un pulque de guanábana o un tequila sabor María Bonita.

Debemos felicitar a Martha Chapa ante este prodigio de sabores, olores y colores reunidos en esta *Nueva gran cocina mexicana*, que atesora muchas delicias para todo tipo de paladares.

LOS EDITORES

# Semblanza

MARTHA CHAPA es una destacada artista mexicana cuya obra se reconoce nacional e internacionalmente.

En la pintura y en la gastronomía aporta su sensibilidad y recrea su sentido estético. Su vocación se complementa con la escritura, por lo que ella misma se define con humor como "una pintora que escribe y una cocinera que sueña".

De su cocina emana toda una explosión del gusto y la exquisitez al recrear un universo de sabores y colores.

Su iniciación gastronómica tuvo lugar en Monterrey, su tierra natal, de pocas pero excelsas riquezas naturales que nutren la imaginación, pues bien se sabe que la escasez incendia el sueño. Heredó de las mujeres de su familia el amor por el arte culinario. Ha impartido cursos de gastronomía y colabora en distintos medios de comunicación; además, ha sido invitada a presentar sus platillos en prestigiados y vanguardistas restaurantes, lo mismo en París que en Hong Kong, entre otras ciudades del mundo.

Con más de 25 libros publicados ha hecho aportaciones importantes y ha dado lustre a la cocina mexicana.

# Índice

# Botanas, entradas & antojitos

# Enchiladas en *mole negro*

Tiempo de preparación: 40 minutos
Porciones: 8

## Ingredientes:

½ guajolote grande o 1 ½ pollos partidos en piezas y cocidos
1 cebolla grande
1 diente de ajo
24 tortillas
50 gramos (2 oz.) de chile pasilla
50 gramos (2 oz.) de chile ancho
50 gramos (2 oz.) de chile mulato
30 gramos (1 oz.) de almendras
30 gramos (1 oz.) de cacahuates
30 gramos (1 oz.) de chocolate
8 tomates verdes
3 jitomates
2 cebollas
2 cucharadas de pan molido
150 gramos (5 oz.) de queso fresco
½ tortilla dura y tostada
1 cucharada de ajonjolí
230 gramos (8 oz.) de manteca
Clavo, canela, pimienta y sal al gusto

## Preparación:

» Asa y desvena los chiles. Muele junto con los cacahuates, las almendras, el pan, media tortilla frita, la sal, los tomates verdes, los jitomates asados, el ajonjolí tostado, una cebolla picada y las especias.
» Disuelve la molienda en agua y reserva.
» Fríe el chocolate en la manteca y agrega la mezcla anterior.
» Sumerge las tortillas, ligeramente fritas, en esta salsa. Enrolla, colocando dentro hebras de pollo o guajolote, y espolvorea con ajonjolí, cebolla y queso. Puedes acompañar con arroz blanco.

# Tamales *barbones*

Tiempo de preparación: 1 hora
Porciones: 12 piezas

## Ingredientes:

### Para la masa:

500 gramos (1 lb.) de manteca de cerdo
1 kilo (2 lb.) de masa de maíz
2 cucharaditas de sal, o al gusto
1 ½ tazas de caldo de pescado, aproximadamente
Hojas para tamales, remojadas, las necesarias

### Para el relleno:

150 gramos (5 oz.) de manteca de cerdo
6 dientes de ajo, picados
2 cebollas finamente picadas
6 chiles anchos, asados, remojados y desvenados
4 chiles guajillos, asados, remojados y desvenados
1 ½ kilos de tomates pelados, finamente picados
Sal, al gusto
1 ½ cucharadita de pimienta negra molida
1 ½ cucharadita de comino molido
1 kilo (2 lb.) de camarón pelado y desvenado, con su cabeza y barbas

## Preparación:

» Bate la manteca hasta que esponje. Después, sin dejar de batir, agrega la masa, la sal y el caldo de pescado para obtener una pasta muy ligera, con la consistencia adecuada. Reserva.
» Licua los chiles y tomates. Mientras fríe el ajo y la cebolla en la manteca caliente. Agrega la mezcla, salpimienta y agrega comino. Deja cocinar a fuego bajo, por veinte minutos aproximadamente. Después añade los camarones hasta que se cuezan.
» Para preparar los tamales, junta por las orillas dos hojas de maíz, unta dos cucharadas de la masa, enseguida coloca la salsa con dos camarones cuidando que sus cabezas queden en las orillas, dobla las hojas hacia el centro y amarra con tiras de hojas de maíz. Cuece verticalmente durante una hora en una vaporera forrada con hojas de maíz.

*Botanas, entradas & antojitos*

# Tacos estilo *Nayarit*

Tiempo de preparación: 30 minutos
Porciones: 8

## Ingredientes:

1 kilo (2 lb.) de camarones chicos, pelados y sin cabeza
4 limones
2 dientes de ajo
1 taza de aceite
Sal y pimienta al gusto
1 col fileteada
Aceite de oliva, al gusto
Tortillas de maíz

## Para la salsa:

6 tomates
6 chiles serranos
3 cucharadas de cilantro picado
1 o 2 aguacates

## Preparación:

» Unta los camarones con suficiente limón, salpimienta, distribuye en las tortillas, enrolla y reserva.
» Calienta el aceite y sofríe los ajos hasta que se quemen, retíralos; fríe los tacos hasta que tengan un dorado parejo y colócalos en papel absorbente.
» Sirve los tacos, báñalos con la salsa de aguacate y acompáñalos con col, aceite de oliva y jugo de limón.
» Para la salsa, licua los tomates con los chiles y el cilantro; sin dejar de licuar, agrega el aguacate poco a poco hasta obtener una salsa homogénea.

# Papadzules

Tiempo de preparación: 40 minutos
Porciones: 8

## Ingredientes:

24 tortillas
500 gramos (1 lb.) de pepita de calabaza sin cáscara
16 huevos cocidos y picados en cuadros
1 rama de epazote
8 jitomates
1 cebolla
Sal al gusto
1 chile habanero (opcional)

## Preparación:

» Pon a cocer los huevos, pélalos y reserva.
» Aparte, hierve agua (500 ml-1 pinta) junto con el epazote y deja enfriar. Vierte la pepita molida y mueve la mezcla poco a poco, hasta que adquiera una consistencia cremosa.
» Para preparar la salsa de jitomates, hierve en agua los jitomates, sólo lo necesario para poder pelarlos y los licuas.
» Acitrona la cebolla picada, vierte el puré de jitomate a través de un colador, agrega sal y chile habanero asado (este último es opcional), fríe hasta que la salsa espese. Rellena las tortillas con el huevo cocido picado y enrolla. Baña con la pepita y la salsa de jitomate.

# Tacos de cochinita *pibil*

Tiempo de preparación: 1 hora 30 min.
Porciones: 10

## Ingredientes:

1 lechón tierno
2 naranjas agrias, 1 naranja y 1 toronja
6 paquetes de achiote o el equivalente de chiles anchos
4 dientes de ajo mediano, asados y molidos
½ cucharada de orégano seco
Sal y pimienta al gusto
Tortillas de maíz

## Para la cebolla:

2 cebollas moradas en rebanadas delgadas
1 ½ tazas de vinagre
2 chiles habaneros, asados, finamente picados
6 pimientas gordas enteras
½ cucharadita de pimienta negra entera
¾ cucharadita de orégano seco y molido
3 ramas frescas de mejorana
5 hojas de laurel
2 cucharadas de aceite de oliva

## Preparación:

» Limpia el lechón y abre en canal. En un recipiente mezcla el jugo de las naranjas, achiote, orégano, ajo, sal y pimienta. Con esta salsa baña el lechón por fuera y por dentro, envolviéndolo con hojas de plátano y acomódalo en un molde hondo. Hornea a temperatura alta, aproximadamente dos horas, o hasta que quede cocido y dorado. Desmenuza y conserva en el caldo. Entonces sirve una porción de este guisado en cada tortilla, acompañado con cebollas encurtidas y chiles habaneros.

» Para la cebolla encurtida desflema las cebollas en agua caliente, escúrrelas, pásalas a un recipiente de cristal; añade sal, vinagre, chiles habaneros, pimienta gorda, pimienta negra, orégano, mejorana, laurel y aceite de oliva. Déjalas macerar durante una hora.

Enchiladas rellenas de *pejelagarto*

# Enchiladas rellenas de *pejelagarto*

Tiempo de preparación: 30 minutos
Porciones: 8

## Ingredientes:

24 tortillas
250 gramos (8 oz.) de pejelagarto
50 gramos (2 oz.) de queso manchego
250 ml (8 oz.) de crema
50 gramos (2 oz.) de mantequilla
230 gramos (8 oz.) de manteca
230 gramos (8 oz.) de jitomate
230 gramos (8 oz.) de papas
8 chiles anchos
2 cebollas
1 diente de ajo
Sal al gusto

## Preparación:

» Asa los chiles, los desvenas y los mueles junto con el ajo, la cebolla y la sal.
» Aparte, fríe la carne desmenuzada, las papas cocidas y picadas, la cebolla
y el jitomate también picados y salpimienta.
» Sumerje las tortillas en la salsa, las fríes, las rellenas con la preparación
anterior y las enrollas, acomódalas en un platón refractario, las cubres con el
queso y añades trocitos de mantequilla. Métalas al horno hasta que doren.

# Quesadillas verdes de
## *Nuevo León*

Tiempo de preparación: 30 minutos
Porciones: 6

## Ingredientes:

1 cebolla pequeña picada
200 gramos (7 oz.) de manteca de cerdo
200 gramos (7 oz.) de lomo de cerdo, cocido y deshebrado
250 gramos (8 oz.) de jitomates asados y pelados
Sal y pimienta al gusto
4 chiles poblanos chicos (asados, pelados y desvenados)
600 gramos (1 ¼ lb.) de masa de maíz
½ taza de crema
½ cucharadita de polvos de hornear
250 gramos (8 oz.) de harina de trigo

## Preparación:

» Fríe la cebolla en dos cucharadas de manteca hasta que se acitrone. Agrega el jitomate previamente molido y el lomo de puerco. Deja que se sazone todo con sal y pimienta y lo dejas cocinar hasta que espesa. Reserva.
» Mezcla la harina, el polvo de hornear y la masa.
» Muele los chiles y la crema y agrega a la mezcla anterior.
» Amasa hasta integrar bien todos los ingredientes y forma las tortillas con ayuda de una prensa.
» Arma una a una las quesadillas y ponlas a freír en la manteca restante.

Quesadillas verdes de *Nuevo León*

# Gorditas *rellenas*

Tiempo de preparación: 40 minutos
Porciones: 20 piezas

## Ingredientes:

1 kilo (2 lb.) de masa de maíz de buena calidad
150 gramos (5 oz.) de manteca de cerdo
50 gramos (2 oz.) de harina de trigo
Manteca de cerdo para freír
Sal al gusto

## Para el relleno de queso:

1 cucharada de manteca de cerdo
1 cebolla pequeña picada
2 dientes de ajo picados
4 chiles jalapeños picados
8 jitomates asados, pelados,
despepitados y picados
300 gramos (10 oz.) de queso ranchero cortado
en rebanadas delgadas
Sal y pimienta al gusto

## Para el relleno de moronga:

2 cucharadas de manteca de cerdo
1 cebolla pequeña picada
50 gramos (2 oz.) de moronga
2 cucharaditas de orégano
3 chiles jalapeños picados
3 jitomates asados, pelados, picados y despepitados
3 chiles jalapeños picados, o al gusto
1 manojito de cilantro picado
Sal al gusto

## Preparación:

» Bate la masa con la manteca, la harina y sal al gusto. Forma unas gorditas de aproximadamente ocho centímetros de diámetro cada una. Fríe en manteca caliente hasta que se inflen y estén doraditas. Ponlas a escurrir sobre papel absorbente. Abre y rellénalas. Puedes hacer la mitad de queso y la mitad de moronga.
» Para hacer el relleno de queso, en la manteca acitrona la cebolla, el ajo y los chiles; añade el jitomate y sal. Deja sazonar y por último agrega el queso.
» Para el relleno de moronga acitrona en la manteca la cebolla y añade la moronga, el orégano, sal y pimienta al gusto. Deja sazonar y retira del fuego. Enseguida, agrega el resto de los ingredientes.

# Flautas del *norte*

## Ingredientes:

1 taza de aceite
1 cebolla picada
350 gramos (12 oz.) de lomo de cerdo molido
300 gramos (10 oz.) de jitomates asados y pelados
100 gramos (3 oz.) de almendras peladas y picadas
50 gramos (2 oz.) de pasas sin semilla
1 ½ cucharaditas de clavo molido
1 ½ cucharaditas de canela molida
600 gramos (1 ¼ lb.) de papitas de Galeana
10 tortillas de maíz delgadas
5 cucharadas de perejil picado
Sal y pimienta al gusto

## Preparación:

» En seis cucharadas de aceite, fríe la cebolla hasta que se acitrone. Enseguida, agrega la carne y cuando esté bien frita, añade los jitomates molidos, las almendras, las pasas, el clavo, la canela, la pimienta y la sal. Cocina todo hasta que espese. Aparte, pon a cocer las papitas y una vez listas las pelas y las reservas para después.
» Rellena las tortillas con el picadillo; deben quedar apretaditas. A continuación fríelas de dos en dos en el aceite restante y colócalas en un platón. Después fríe las papitas con el aceite que quedó y el perejil. Pon también en un platón. Sirve al instante.

## Nota:

Como variante, puedes elaborar Palomas, que se preparan de la misma manera pero con tortillas de harina.

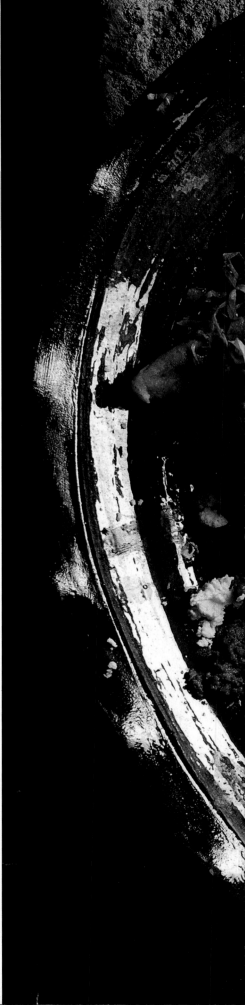

# Chicharrones de Montemorelos

Tiempo de preparación: 25 minutos
Porciones: 10

## Ingredientes:

500 gramos (1 lb.) de gordura de cerdo cortada en trozos
Aceite, el necesario
Sal al gusto

## Para la salsa:

50 gramos (2 oz.) de chile piquín seco, asado
1 pizca de comino
Agua o jugo de naranja en la cantidad necesaria
Sal al gusto

## Preparación:

» En una cacerola grande calienta la manteca y agrega la carne. Deja cocer hasta que los chicharrones estén bien doraditos; procura moverla constantemente para que no se pegue. Añade sal al gusto. Cuela los chicharrones y sírvelos bien calientes en una cazuela acompañados de la salsa y tortillas de harina.
» Para la salsa molcajetea juntos todos los ingredientes y sazona.

# Chiles rellenos
## *estilo norteño*

Tiempo de preparación: 45 minutos
Porciones: 5

*Botanas, entradas & antojitos*

## Ingredientes:

5 chiles poblanos asados, pelados y
despepitados
250 gramos (8 oz.) de queso
Chihuahua o manchego rallado

## Para el relleno:

¼ de taza de aceite de maíz
1 cebolla finamente picada
3 dientes de ajo
2 papas peladas, ligeramente
cocidas y picadas
2 zanahorias peladas, ligeramente
cocidas y picadas
200 gramos (7 oz.) de carne de res
molida
200 gramos (7 oz.) de carne de
cerdo molida
50 gramos (2 oz.) de pasitas
1 pizca de comino molido
1 taza de caldo de pollo
Sal y pimienta al gusto

## Para capear:

3 huevos
Harina, la necesaria
Aceite de maíz para freír

## Para la salsa:

2 cucharada de aceite de maíz
1 cebolla picada
2 dientes de ajo pelados y picados
500 gramos (1 lb.) de jitomate, asado,
pelado y colado
1 pizca de comino
Sal y pimienta al gusto

## Preparación:

» Primero prepara el relleno de la siguiente manera: en el aceite, sofríe la cebolla, el ajo, las papas y las zanahorias. Añade las carnes y sofríe unos minutos más. Agrega las pasitas, el comino, el caldo, sal y pimienta al gusto. Deja sazonar hasta que las verduras estén cocidas y el picadillo espeso.
» Para elaborar la salsa, en el aceite acitrona la cebolla y el ajo. Añade el jitomate, el comino, sal y pimienta al gusto. Deja sazonar todo muy bien.
» Aparte, abre los chiles cuidadosamente por un costado, límpialos perfectamente y enjuágalos con agua. Después rellénalos con el picadillo y pásalos por harina. Bate los huevos con una cucharada de harina y pasa los chiles por esta mezcla antes de freírlos en abundante aceite uno a uno. Coloca sobre papel absorbente. Baña con la salsa caliente y espolvorea queso.

*Botanas, entradas & antojitos*

# Tacos de *machaca*

Tiempo de preparación: 20 minutos
Porciones: 8

## Ingredientes:

2 ½ tazas de carne seca y deshebrada al estilo norteño
⅓ taza de aceite vegetal o manteca de puerco
1 taza de cebolla finamente picada
Tortillas de harina

## Para la salsa:

¼ taza de aceite de oliva
1 ½ cebollas medianas finamente picadas
6 chiles serranos (pueden sustituirse por el equivalente de piquín),
finamente picados
3 tazas de jitomate, finamente picado
6 huevos batidos
Sal al gusto

## Preparación:

» Calienta el aceite en la sartén, incorpora la cebolla y deja que
se torne transparente; agrega la carne, cocínala a fuego mediano
hasta que se dore y apártala.
» En otra cacerola prepara la salsa. Calienta el aceite, incorpora
la cebolla y acitrónala hasta que esté transparente; añade los
chiles y los jitomates con su toque de sal. Enseguida agrega la
carne y continúa la cocción hasta que espese un poco. Vierte los
huevos batidos y muévelos ocasionalmente con una cucharada
de madera hasta alcanzar el grado de cocimiento deseado. Se
rellenan las tortillas y se enrollan como taco.

Tamales de *elote* y *huitlacoche*

# Tamales de *elote* y *huitlacoche*

Tiempo de preparación: 50 minutos
Porciones: 16 piezas

## Ingredientes:

### Para la masa de elote:

½ taza de manteca de cerdo
100 gramos (3 oz.) de mantequilla
10 elotes desgranados (guarda las hojas para envolver los tamales)
1 cucharadita de azúcar
Sal, al gusto
1 taza de harina de maíz
1 cucharada de polvos para hornear

### Para la masa de huitlacoche:

¼ taza de aceite
3 dientes de ajo picados
1 cebolla picada
2 chiles serranos picados
1 kilo (2 lb.) de huitlacoches limpios y picados
Sal al gusto
1 taza de harina de maíz
1 cucharada de polvos para hornear

## Preparación:

» Para la masa de elote derrite la manteca de cerdo y cuando se enfríe un poco, añade la mantequilla, bate hasta que la mezcla quede esponjosa. Muele los granos de elote en la licuadora; añade el azúcar y la sal. Incorpora esta preparación a la primera y por último agrega la harina cernida con los polvos para hornear.

» Para la masa de huitlacoche calienta en una sartén el aceite, fríe los ajos y la cebolla; enseguida añade el chile y el huitlacoche. Sazona. Muele esta preparación en la licuadora; agrega la harina de maíz cernida con los polvos para hornear. En las hojas más bonitas de los elotes pon una cucharada de la masa de elote y junto coloca otra cucharada de masa de huitlacoche. Dobla muy bien los tamalitos y cuece en una tamalera durante una hora aproximadamente.

*Botanas, entradas & antojitos*

# Tamalitos *tricolor*

Receta de Gerardo Chapa

Tiempo de preparación: 50 minutos
Porciones: 12 piezas

## Ingredientes:

### Para los tamalitos blancos:

#### Masa:

250 gramos (8 oz.) de manteca de cerdo
500 gramos (1 lb.) de harina para tamales
1 cucharadita de polvos para hornear
1 cucharadita de sal
1 ½ tazas de consomé de pollo
Hojas secas de maíz remojadas y escurridas

#### Relleno:

250 gramos (8 oz.) de chorizo frito
1 cebolla picada

### Preparación:

Bate la manteca hasta que esponje. Agrega la harina, los polvos para hornear, la sal y el consomé. Mezcla todos los ingredientes hasta formar una masa. Después prepara los tamalitos: en cada hoja de maíz unta un poco de masa; en el centro coloca el relleno y dobla los tamalitos. Colócalos verticalmente en la tamalera y cuécelos a vapor durante una hora aproximadamente, o hasta que la masa se desprenda fácilmente de la hoja. Acomódalos en un bonito platón de barro y ofrécelos acompañados de una sabrosa salsa.

### Para los tamalitos rojos:

Usa los mismos ingredientes, pero agrega cuatro chiles anchos remojados y desvenados que vas a licuar junto con el consomé para agregarlos a la masa.
Para el relleno de estos tamalitos usa 250 gramos (8 oz.) de carne seca deshebrada, frita en manteca junto con un jitomate pelado y una cebolla pequeña picada. El procedimiento es el mismo que en la receta anterior.

### Para los tamalitos verdes:

Procede de igual manera: muele los chiles poblanos asados, pelados y desvenados, junto con seis hojas de epazote. Intégralos a la masa.
Estos tamalitos se rellenan con 250 gramos (8 oz.) de barbacoa de cabrito deshebrada. Termina la preparación de igual manera que para los otros tamalitos.

Tamalitos *tricolor*

# Crepas de romeritos con *mole poblano*

Tiempo de preparación: 20 minutos
Porciones: 8

## Ingredientes:

750 gramos (1 ½ lb.) de romeritos
Sal al gusto
¼ taza de aceite
2 dientes de ajo picados
1 cebolla pequeña picada
24 crepas
3 tazas de mole poblano
½ taza de crema
100 gramos (3 oz.) de queso Chihuahua rallado

## Preparación:

» Limpia los romeritos y ponlos a cocer en agua hirviendo con sal. Cuando estén listos quita el exceso de agua y reserva. En el aceite acitrona los ajos y la cebolla, después incorpora los romeritos y deja cocinar la mezcla unos minutos más. Rellena las crepas, coloca en una fuente refractaria enmantequillada, para después bañarlas con el mole. Por encima distribuye la crema y espolvorea el queso. Gratina el platillo en el horno y sirve muy caliente.

## Nota:

Se recomienda mezclar al relleno de romeritos camarones secos, muy bien pelados y remojados durante toda una noche en vino blanco.

# Enchiladas
# *mineras*

## Ingredientes:

24 tortillas chicas
6 chiles anchos
1 diente de ajo
½ cucharadita de orégano
Manteca para freír, la necesaria
400 gramos (14 oz.) de carne de puerco cocida
250 gramos (8 oz.) de longaniza en rebanadas
1 kilo (2 lb.) de papas picadas
1 kilo (2 lb.) de zanahorias cortadas
1 queso tipo ranchero
1 cebolla grande
1 lechuga romana
6 chiles güeros en escabeche
1 rábano largo picado
Sal al gusto

## Preparación:

» Remoja los chiles anchos, limpia y desvena. Muélelos junto con el ajo, la sal y el orégano para obtener una salsa.

» Cuece la carne de puerco hasta que quede doradita; guisa aparte la longaniza y en la misma manteca fríe también las papas y las zanahorias, ambas previamente cocidas.

» Sumerge las tortillas en la salsa y fríe en manteca. Revuelve el queso con la cebolla picada y rellénalas.

» Coloca las enchiladas en un platón o platos individuales y cúbrelas con la lechuga finamente picada, la carne de puerco (deshebrada), las papas y las zanahorias y, por último, la longaniza, los chiles güeros y el rábano.

*Botanas, entradas & antojitos*

# Tuétanos en *salsa*

Tiempo de preparación: 30 minutos
Porciones: 8

## Ingredientes:

16 huesos de tuétano de cerca de 6 centímetros de alto
1 cebolla
2 dientes de ajo
Sal al gusto

## Para la salsa

1 cucharada de aceite de maíz
½ cebolla picada
2 dientes de ajo picados
3 jitomates medianos asados, pelados, despepitados y picados
4 chiles serranos picados
Sal y pimienta al gusto

## Preparación:

» Para preparar la salsa, acitrona en el aceite la cebolla, el ajo y los chiles. Añada el jitomate, la sal y la pimienta. Deja que hierva por un rato hasta que se sazone.
» Pon a cocer los huesos con el ajo, la cebolla y sal al gusto. Después, saca cuidadosamente el tuétano con la punta de un cuchillo y pon todos los ingredientes a hervir. A la salsa caliente le añades los tuétanos, y sirves inmediatamente. Acompaña con tortillas recién hechas.

Cremas
& sopas

# Consome de *pollo*

Tiempo de preparación: 40 minutos
Porciones: 6

## Ingredientes:

1 pollo con patas y cinco pares más de éstas
3 litros (¾ gal.) de agua
2 zanahorias
2 cebollas
3 dientes de ajo
1 poro
3 nabos
2 clavos
4 pimientas de Cayena
2 cucharadas de sal
Cilantro

## Preparación:

» Limpia muy bien el pollo, flameándolo directamente a la lumbre o manteniéndolo en agua muy caliente. Después lo divides en partes y las colocas en una olla, junto con las patas bien peladas; también las verduras limpias, las especias y la sal, y cubre todo con agua fría. Pon la olla al fuego, que el agua hierva durante dos horas y media. Transcurrido este tiempo y después de colar el caldo, queda listo el consomé para emplearlo como ingrediente de sopas y cremas que lo requieran.

## Notas:

1. Prepara igual el caldo de res, pero sustituye el pollo con un kilo (2 lb.) de carne de res, que tenga hueso.
2. En lugar de cilantro, puedes recurrir al perejil, la hierbabuena, el apio, el laurel, etc., o a varias de estas hierbas juntas, en ramillete, según convenga al platillo que lo lleve de ingrediente.

# Crema de *albahaca*

## Ingredientes:

1 cebolla
2 dientes de ajo
100 gramos (3 oz.) de mantequilla
2 cucharaditas de aceite
1 litro (¼ gal.) de caldo de pollo
2 tazas de hojas de albahaca
Sal y pimienta
1 taza de leche evaporada

## Preparación:

» Rebana la cebolla en rodajas y las fríes con los dientes de ajo en mantequilla y aceite. Mantén la fritura a fuego lento, removiéndola constantemente, hasta que adquiera un color dorado, momento de incorporar el caldo y dejar hervir esta preparación por un rato. Por otra parte, hierve las hojas de albahaca, de preferencia en un trasto de cobre para que no pierdan su color, tras lo cual les agregas la sopa, que ha de estar hirviendo, condimentada con sal y pimienta. La dejas al fuego por un rato más para que sazone. Finalmente, después de molerla en la licuadora, la cuelas y, por último, agrega la leche, que ya debe estar caliente.

Crema de *betabel*

## Betabel

También conocido en otros países como remolacha, beterraba, o beterraga. Tiene hojas comestibles en su parte superior, las cuales contienen betacarotenos, calcio y hierro; además de pigmentos betaxantina y betacianina, que le proporcionan su color característico.

# Crema de
## *betabel*

Tiempo de preparación: 20 minutos
Porciones: 4

## Ingredientes:

4 betabeles
3 tazas de agua
1 cebolla
2 dientes de ajo
4 tazas de consomé
½ cucharadita de canela
¼ cucharadita de jengibre
¼ cucharadita de clavo granulado
Sal
1 taza de crema agria

## Preparación:

» Después de pelar los betabeles los hierves en el agua, junto con la cebolla y los dientes de ajo. Ya hervidos, muele estos ingredientes en la licuadora, utilizando para ello el caldo de su cocción, en la cantidad necesaria. Mezcla enseguida este puré con el consomé y sazona la mezcla con las especias, el granulado y la sal, y la dejas hervir a fuego muy bajo por unos minutos. Para servirla puedes presentarla con una cucharada de crema en el centro de cada plato, y espolvorearla por encima con un poquito de las mismas especias utilizadas.

## Notas:

1.  En verano es preferible servirla fría. Para hacerlo así incorpora quince gramos de gelatina sin sabor, hidratada, en un cuarto de taza de agua fría, cuya mezcla disuelves en la propia sopa si se mantuvo caliente. Una vez preparada, y ya fría, la refrigeras durante varias horas y la sirves adornada con copos de crema batida.
2.  Otra variante consiste en incorporar la crema en la sopa. Queda muy sabrosa y adquiere un color rosa mexicano que le da muy bella apariencia.

*Cremas & Sopas*

# Crema de
# *brócoli*

Tiempo de preparación: 20 minutos
Porciones: 4

## Ingredientes:

1 kilo (2 lb.) de brócoli
4 dientes de ajo
½ litro (1 pinta) de agua
1 litro (¼ gal.) de consomé
100 gramos de mantequilla
1 taza de crema
Sal y pimienta

## Preparación:

» Pon a cocer el brócoli y los ajos en el agua.
Cuando ya estén tiernos, los mueles en la
licuadora junto con el consomé. Vierte la mezcla
en un recipiente que contenga la mantequilla
fundida y deja que todo hierva unos minutos antes
de incorporar la crema y sazonarla con sal y
pimienta.

# Crema de calabacitas al *jengibre*

Tiempo de preparación: 20 minutos
Porciones: 6

## Ingredientes:

1 kilo (2 lb.) de calabacitas
½ litro (1 pinta) de agua
100 gramos de mantequilla
2 cucharaditas de aceite
1 cebolla
3 dientes de ajo
1 litro (¼ gal.) de consomé
1 bulbo de jengibre, fresco
¼ de litro (8 oz.) de crema
Sal y pimienta

## Preparación:

» Cuece las calabacitas en el agua y muélelas en la licuadora, junto con el caldo de su propia cocción. Aparte, funde la mantequilla junto con el aceite y en ambas grasas fríe, hasta acitronarlos, la cebolla y el ajo picados. Agrega luego las calabacitas molidas y el consomé. Ralla entonces el jengibre, revuélvelo con la preparación y dejas que hierva por unos quince minutos más. Luego pásala por un colador y mezclas bien la crema. Por último, agrega sal y pimienta.

## Nota:

Puedes servir cada ración de esta sopa en una calabacita de Castilla, aún tierna y fresca, de unos doce centímetros de diámetro, ahuecada: funciona como atractiva y graciosa sopera individual.

*Cremas & Sopas*

# Crema de camarón con *hoja santa*

Tiempo de preparación: 25 minutos
Porciones: 4

## Ingredientes:

6 hojas santas
3 chiles poblanos
100 gramos (3 oz.) de mantequilla
500 gramos (1 lb.) de camarones
cocidos
4 tazas de fumet de pescado
4 tazas de champaña o vino blanco
1 taza de crema
Sal y pimienta

## Preparación:

» Hierve las hojas santas y después las mueles en la licuadora junto con los chiles; éstos, previamente asados, pelados y desvenados, sin semillas. Cuela esta mixtura y la fríes en la mantequilla. Mientras tanto, hierve los camarones, durante cinco minutos, en el fumet; los pelas y mueles en su propio caldo, mezclándolos después con la mixtura anterior y dejando que todo revuelto sazone, a fuego muy bajo, por unos minutos. Cuando prepares la sopa con vino, incorpóralo y déjalo hervir un poco; pero si lo haces con champaña, agrégala, junto con la crema, al servir la sopa. Por último, rectifica la sal y la pimienta.

*Cremas & Sopas*

# Crema de camote

## Ingredientes:

1 cebolla chica
100 gramos (3 oz.) de mantequilla
2 dientes de ajo
8 tazas de consomé
2 tazas de puré de camote
1 taza de crema
½ taza de jerez seco
Sal y nuez moscada

## Preparación:

» Rebana la cebolla y la pones a freír en mantequilla. Cuando empieza a tomar color agrega los ajos y espera a que éstos queden bien dorados. Muele entonces esta fritura con dos tazas del consomé, que puede ser de pollo o de res, y la viertes en un recipiente, incorporando el resto del consomé y el puré de camote. Una vez todo junto, lo pones a fuego lento y cuando ha hervido unos minutos, añade la crema y el jerez, sazonándolo al gusto con sal y nuez moscada.

## Notas:

1. Te encantará preparar esta crema con camote morado o amarillo, pues en ambos casos resulta un color muy atractivo.
2. En lugar de crema de camote, en ocasiones puedes preparar crema de castañas, siguiendo el mismo procedimiento, para obtener una variante estupenda.

*Cremas & Sopas*

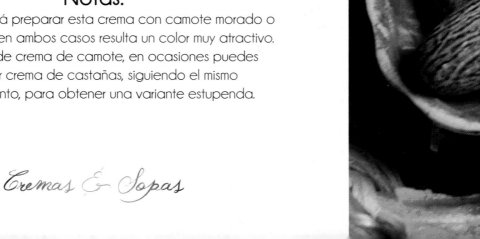

# Crema de *cilantro*

Tiempo de preparación: 20 minutos
Porciones: 8

## Ingredientes:

2 tazas de hojas de cilantro
2 litros (½ gal.) de caldo de pollo
2 dientes de ajo
1 cebolla pequeña
200 gramos (7 oz.) de nueces
100 gramos (3 oz.) de mantequilla
¼ de litro (8 oz.) de crema
Sal y pimienta

## Preparación:

» Hierve las hojas de cilantro con una taza del caldo durante unos minutos; de ser posible, en un recipiente de cobre para avivar su color. Después las mueles y cuelas para retirar las pequeñas fibras. En otro poco del caldo muele las nueces, el ajo y la cebolla, ésta picada y previamente acitronada. Funde la mantequilla y en ella fríe, tanto la mixtura anterior como el cilantro, para después incorporarles el resto del caldo. Deja todo a fuego bajo durante unos momentos y por último integra la crema y salpimientas.

# Crema de flor de calabaza

Tiempo de preparación: 20 minutos
Porciones: 8

## Ingredientes:

1 cebolla
¼ taza de aceite
1 kilo (2 lb.) de flores de calabaza
1 litro (¼ gal.) de leche
100 gramos (3 oz.) de mantequilla
Sal y pimienta
250 gramos (8 oz.) de piñones
1 litro (¼ gal.) de caldo de pollo
¼ litro (8 oz.) de crema
4 yemas de huevo
1 calabaza de Castilla grande y bonita

## Preparación:

» Lo primero es picar la cebolla, ponerla a freír en aceite y agregarle las flores, ya limpias, que has dejado cocer en su propio jugo. Cuando éstas se han sancochado, las mueles en la licuadora junto con la leche, y después las cuelas para freírlas en la mantequilla; salpimientas la mixtura y la dejas a fuego bajo. Entretanto, muele los piñones con el consomé y vierte la mezcla a la preparación anterior, dejándola cocinarse hasta que se espese. Justo antes de servirla, la retiras del fuego y le incorporas la crema; ésta, batida de antemano con las yemas. Para presentarla escoge una calabaza de Castilla grande y de forma y color atractivos, para usarla como sopera. Para esto, le cortas una tapa y la ahuecas con gran cuidado.

# Crema de *hongos*

## Ingredientes:

1 kilo (2 lb.) de champiñones
6 chiles poblanos
1 taza de aceite de oliva
500 gramos (1 lb.) de jitomates
6 dientes de ajo
2 cebollas
8 tazas de consomé de pollo
1 rama de epazote
Sal y pimienta
1 taza de crema

## Preparación:

» Después de lavar varias veces los champiñones, los escurres para rebanarlos en laminillas delgadas. Enseguida pela, desvena y recorta en rajas los chiles ya asados. Por otra parte, fríe en aceite los jitomates, ya asados, y los mueles con los dientes de ajo, las cebollas y las rajas de chile. Con esta fritura enriquece el caldo y después, revueltos con éste, muele los champiñones, que por separado habías sofrito. Por último, pon la rama de epazote, deja que la preparación hierva un rato y, finalmente, la salpimientas y le adicionas la crema.

## Nota:

Para preparar esta crema puedes utilizar, en lugar de champiñones y cuando es su temporada, cualquiera de las variedades de hongos comestibles de que disponemos en el país.

# Sopa de *manzana*

Tiempo de preparación: 20 minutos
Porciones: 4

## Ingredientes:

500 gramos (1 lb.) de manzana
verde (granny)
2 cebollas chicas
2 dientes de ajo
1 cucharada de jengibre rallado
2 cucharadas de curry
100 gramos (3 oz.)
de mantequilla
1 litro (¼ gal.) de caldo de pollo
¼ taza de crema batida

## Preparación:

» Fríe las cebollas en la mantequilla
y enseguida incorpora el ajo; luego
el jengibre y por último la manzana.
Cuando adquiere un color dorado
claro, retira del fuego y dejas que
se enfríe. Licua la mezcla junto
con el caldo de pollo, vacía a
la sopera y sirve con un poco de
crema batida, y espolvorea con un
poco de polvo de curry.

# Crema de

## nopalitos

Tiempo de preparación: 20 minutos
Porciones: 4

## Ingredientes:

1 kilo (2 lb.) de nopales
½ cebolla
2 dientes de ajo
100 gramos (3 oz.) de mantequilla
1 cucharada de aceite
6 tazas de consomé
1 taza de crema
Sal y pimienta
250 gramos (8 oz.) de escamoles

## Preparación:

» Escoge pencas de nopal muy tiernas y límpialas perfectamente; las cortas después en trozos que hierves en agua salada, de treinta a cuarenta minutos. Para ello utiliza siempre un cazo de cobre, pues este material te garantiza el extraordinario color esmeralda que adquieren los nopalitos al cocerse. Ya suaves, los escurres y enjuagas varias veces. Aparte rebana la cebolla en rodajas y las fríes, con los dientes de ajo hasta acitronarlos, en la mantequilla y el aceite juntos. Muele esta fritura con los nopales, en el consomé que sea necesario, y la viertes en un recipiente, donde incorporas el resto del caldo y la crema. Deja que hierva durante quince minutos, verifica la sal y la sazonas con pimienta. Ya para servirla, le agregas los escamoles, previamente fritos en mantequilla.

## Nota:

Esta crema conserva el sabor característico de los nopales, un poco ácido, y no necesita otras adiciones que podrían alterarlo. Sin embargo, la delicadeza de los escamoles le va de maravilla. Cuando no es temporada de este "caviar" mexicano, que es la hueva de las hormigas, puedes recurrir a unos granos de elote en su lugar.

Crema de *nopalitos*

# Crema de pescado

Tiempo de preparación: 20 minutos
Porciones: 4

## Ingredientes:

2 cucharadas de azafrán
750 gramos (1 ½ lb.) de filetes de huachinango
4 tazas de fumet
Sal, pimienta blanca
1 taza de crema
4 yemas de huevo

## Preparación:

» Remoja el azafrán en agua caliente, durante un buen rato, y escalfas los filetes en el fumet durante diez minutos. Ya escalfados, los muele con el azafrán y el agua en que se remojó éste con el fumet. Vacía esta preparación en un recipiente y la pones a fuego muy bajo, sazonándola con sal y pimienta. La dejas hervir por unos minutos y, ya para servirla, le incorporas la crema, en la que previamente diluiste las yemas.

# Crema de
## pistache

Tiempo de preparación: 20 minutos
Porciones: 4

## Ingredientes:

6 tazas de consomé
2 pechugas de pollo
250 gramos (8 oz.) de pistaches
1 taza de crema
4 yemas de huevo
50 gramos (3 cdas.) de mantequilla
Sal y pimienta blanca

## Preparación:

» Para esta crema, enriquece el consomé con dos pechugas extras, ya cocidas, que licuarás, junto con dos tazas del consomé y la mitad de los pistaches, ya limpios. Enseguida vacía esta mezcla en un recipiente, le añades el resto del consomé y la dejas que hierva un poco, para que espese, al tiempo que verificas la sazón con sal y pimienta blanca. Apartada ya del fuego y al momento de servirla, le incorporas la crema con las yemas diluidas en ella, y la espolvoreas con el resto de los pistaches picaditos y dorados en la mantequilla.

## Nota:
Con el mismo procedimiento puedes preparar la crema de avellanas, en lugar de los pistaches. Esta variante resulta también muy sabrosa.

# Crema de queso Roquefort y *chipotle*

Tiempo de preparación: 20 minutos
Porciones: 6

## Ingredientes:

300 gramos (10 oz.) de queso Roquefort
6 tazas de consomé
4 chiles chipotles
1 taza de vino blanco
6 yemas de huevo
1 taza de crema

## Preparación:

» Muele en la licuadora el queso con la mitad del consomé y los chiles sin semillas. El resultado lo mezclas con el resto del consomé y el vino. Pon este caldo al fuego durante unos minutos y, ya para servir, lo retiras de la lumbre y lo enriqueces con las yemas, batidas de antemano junto con la crema.

# Crema de *salsifí*

Tiempo de preparación: 25 minutos
Porciones: 8

## Ingredientes:

10 salsifíes (barbas de chivo)
2 litros (½ gal.) de consomé
100 gramos (3 oz.) de mantequilla
2 cucharaditas de aceite
¼ taza de jerez seco
Nuez moscada, sal
¼ litro (8 oz.) de crema
4 yemas de huevo

## Preparación:

» Ya pelados, cuece los salsifíes en un poco del consomé y después los mueles. Aparte derrite la mantequilla con el aceite y en ambas grasas fríes la legumbre molida; después de unos momentos agrega el consomé restante, dejando el preparado a fuego lento, para que sazone. Añade entonces el jerez, la nuez moscada y verifica la sal. Por último, al momento de servirla, incorpora la crema, en la que antes diluiste muy bien las yemas.

*Cremas & Sopas*

Crema de *pimiento morrón*

## Ingredientes:

1 cebolla fileteada
4 piezas de pimiento rojo escalfado,
desemillado y fileteado
2 chiles anchos
3 jitomates guajillo en cuartos
2 dientes de ajo (aplanados)
1 litro (¼ gal.) de leche
30 gramos (1 oz.) de crema
1 manojo de laurel, epazote y tallos de perejil
Mantequilla
Sal y azúcar al gusto

## Guarnición:

½ pieza de jícama fileteada
1 limón (jugo)
Sal
12 hojas de epazote (fritas)
2 cucharadas de perejil picado

## Preparación:

» Acitrona la cebolla en la mantequilla. Agrega pimientos, chiles,
ajos, jitomates y cuece durante nueve minutos más. Añade la
leche, el manojo de hierbas y una pizca de azúcar. Cuece
quince minutos. Agrega la crema y cuece cinco minutos más
» Quita el manojo de hierbas, licua, rectifica la sal y reseca.
» Mezcla la jícama con el jugo de limón, sal y perejil picado.
» Sirve la crema bien caliente con la guarnición de jícama y
decora con las hojas de epazote.

# Sopa de *aguacate y coco*

Tiempo de preparación: 20 minutos
Porciones: 6-8

## Ingredientes:

500 gramos (1 lb.) de pulpa de aguacate
4 tazas de caldo de pollo
4 tazas de agua de coco
2 chiles serranos finamente picados
1 cucharadita de semillas de cilantro
400 gramos (14 oz.) de yogur natural o crema
Sal y pimienta
Coco fresco rallado

## Preparación:

» Pon en la licuadora pulpa de aguacate, caldo de
pollo, agua de coco, chile, semillas de cilantro y yogur.
Licua perfectamente. Sazona con sal y pimienta y sirve fría
en platos hondos. Espolvorea un poco de coco rallado y
queda lista para disfrutarse.

# Caldo estilo Celaya

Tiempo de preparación: 20 minutos
Porciones: 4

## Ingredientes:

½ pollo picado
½ kilo (1 lb.) de lomo de puerco
¼ kilo (8 oz.) de alubias
125 gramos (4 oz.) de tocino
100 gramos (3 oz.) de jamón
1 cebolla
4 jitomates
5 dientes de ajo
4 tomates verdes
4 zanahorias
3 papas
1 chorizo
1 manojo de acelgas, picadas y cocidas previamente

## Preparación:

» Cuece las carnes, juntas; aparte, cuece las alubias con el tocino y el jamón picados.
» Fríe media cebolla, un jitomate, dos dientes de ajo y los tomates verdes
picados; las zanahorias en rajitas y las papas en trozos, junto con el chorizo.
» Asa los tres jitomates restantes y muele con los ajos y cebolla también
restantes y sal.
» Fríe y, cuando el guiso esté chinito, agrégalo a la preparación anterior,
para que se sigan friendo juntos.
» Añade las carnes, las acelgas y las alubias; deja hervir diez minutos y sirve caliente.

# Crema de chicharrón

Tiempo de preparación: 20 minutos
Porciones: 8

## Ingredientes:

200 gramos (7 oz.) de chicharrón
250 gramos (8 oz.) de jitomates
1 cebolla
4 dientes de ajo
2 chiles morita
8 tazas de consomé
1 taza de crema
Sal y pimienta

## Preparación:

» Para hacer esta crema elige trozos de chicharrón muy delgados, sin carnosidades; los pones dentro de una bolsa de plástico y con rodillo los trituras hasta pulverizarlos. Asa los jitomates, la cebolla cortada en trozos, los dientes de ajo y los chiles, para después molerlos en la licuadora con un poco de consomé. Cuela esta mixtura y vuelve a molerla, esta vez junto con el chicharrón. Vacía esta preparación en un recipiente, le añades el resto del consomé y la crema, sazonando con sal y pimienta. Deja que hierva, a fuego bajo, durante unos quince minutos y la sirves muy caliente, adornada con otros chiles morita, sólo que éstos fritos, doraditos.

# Sopa fría de naranja y *zanahoria*

Tiempo de preparación: 20 minutos
Porciones: 4

## Ingredientes:

8 cucharadas de aceite
1 taza de cebolla picada
12 zanahorias peladas y en rebanadas
1 taza de agua caliente
2 tazas de jugo de naranja
Sal y pimienta blanca al gusto
1 ½ tazas de yogur natural
½ taza de crema

## Preparación:

» En una cacerola pon a calentar el aceite y fríe la cebolla. Agrega las zanahorias y el agua.

» Cuando la mezcla comienza a hervir, tapa la cacerola y déjala cocinar durante diez minutos aproximadamente, hasta que las zanahorias se suavicen. En la licuadora muele la mezcla y déjala enfriar. Una vez fría, agrega el jugo de naranja, la sal y la pimienta. Al final integra el yogur y la crema.

» Se recomienda servir en tazones con zanahorias cocidas, cortadas en figuritas.

## Nota:

Si deseas hacer el platillo más saludable puedes sustituir la crema por más yogur natural.

Platos
Fuertes

# Birria

Tiempo de preparación: 1 hora
Porciones: 6

## Ingredientes:

1 chile ancho asado, remojado y desvenado
1 chile guajillo asado, remojado y desvenado
6 dientes de ajo
500 gramos (1 lb.) de tomates pelados
¼ cucharadita de jengibre en polvo
½ cucharadita de cominos
2 clavos de olor
½ cucharadita de laurel en polvo
3 pimientas negras gordas
¾ taza de vinagre de piña
Sal al gusto
1 ½ kilos (3 lb.) de lomo de cerdo
Manteca de cerdo o aceite, lo necesario, para engrasar el molde

## Preparación:

» Prepara una salsa con los chiles, los ajos, los tomates, el jengibre, los cominos, los clavos, el laurel, la pimienta, el vinagre y la sal. La viertes sobre la carne previamente acomodada en un molde refractario, ligeramente engrasado y cubierto con papel aluminio. Introduce el molde en el horno precalentado a temperatura media, durante una hora aproximadamente o hasta que se cueza. Lo retiras del horno, lo rebanas y acomodas en un platón.

# Cabrito con *habas frescas*

Tiempo de preparación: 1 hora
Porciones: 8

## Ingredientes:

1 cabrito
50 gramos (2 oz.) de manteca de cerdo o aceite al gusto
1 cebolla rebanada
6 dientes de ajo rebanados
1 kilo (2 lb.) de habas frescas, tiernas, peladas y cocidas
1 litro (¼ gal.) de consomé
6 chipotles adobados despepitados
Sal y pimienta al gusto

## Preparación:

» Parte el cabrito en trozos y fríelo ligeramente en una cazuela suficientemente honda, donde se ha calentado la manteca. Retira la carne y en la misma grasa sancocha la cebolla y los ajos, que después mueles en la licuadora con la mitad de las habas, el consomé y los chipotles. Vierte esta salsa sobre el cabrito, salpimienta el guiso y lo dejas a fuego lento hasta que se termine de cocinar. Poco antes de servir le incorporas las habas enteras y adorna con algunos chipotles.

Pato con *manzana*

# Pato con *manzana*

## Ingredientes:

4 pechugas de pato
1 taza de leche
100 gramos (3 oz.) de pasas
¼ taza de coñac
100 gramos (3 oz.) de mantequilla
1 cucharada de aceite
1 taza de vino blanco
1 kilo (2 lb.) de manzanas
¼ taza de calvados
Sal y pimienta

## Preparación:

» Macera las pasas en el coñac. Pon a derretir la mitad de la mantequilla (50 gr) junto con el aceite y ahí fríe las pechugas, a fuego lento, dándoles vuelta para que se doren por ambas caras. Enseguida colócalas sobre un refractario que tenga tapa. Mezcla la grasa en que las freíste con el vino y las pasas con el coñac, y lo viertes todo sobre las pechugas, junto con dos manzanas peladas y partidas por la mitad. Salpimienta el guiso, tapa el recipiente y ponlo al horno por unos veinte minutos. En otra operación, muele las manzanas, ya horneadas, junto con el calvados, revuélvelas con el caldo de la cocción y así obtienes la salsa con que habrás de cubrir el pato. Parte las manzanas que quedan en ocho partes y separa los corazones; dóralas en la mantequilla sobrante (lo otros 50 gr) y utiliza los trozos para adornar el platón del servicio, en cuyo centro dispones las pechugas bien bañadas con la salsa.

# Mole
# encacahuatado

Tiempo de preparación: 30 minutos
Porciones: 4

## Ingredientes:

400 gramos (14 oz.) de filete cortado en cubitos
Sal y pimienta al gusto
Aceite de oliva

## Para el adobo:

4 chiles guajillo desvenados
½ cebolla grande
2 dientes de ajo
2 pimientas gordas o de Tabasco
2 chiles anchos
100 gramos (3 oz.) de cacahuates recién tostados con sal
½ bolillo tostado
1 ramita muy pequeña de canela
1 taza de consomé de pollo

## Preparación:

» Hierve los chiles, la cebolla, los ajos y las pimientas en poca agua, aparte
tuesta los cacahuates, junto con la canela y el pan, una vez que los chiles estén
hervidos, licua junto con los demás ingredientes y la taza de consomé de pollo;
ya licuado pon al fuego y ratifica la sazón. Sella la carne en una plancha y
colócala en el adobo para que termine de cocinarse.
» Para servir puedes acompañarla con un tlacoyo de requesón, o si lo prefieres
dos pequeños sopecitos de frijol.

Mole *encacahuatado*

# Pechuga en mole de nuez de la India

Tiempo de preparación: 35 minutos
Porciones: 4

## Ingredientes:

4 pechugas
1 taza de leche
100 gramos (3 oz.) de mantequilla
¼ taza de aceite
500 gramos (1 lb.) de jitomates
2 chiles anchos
1 cebolla chica
2 dientes de ajo
1 bolillo
1 taza de consomé de pollo
Jengibre y anís
Sal y pimienta

## Preparación:

Deja que las pechugas, partidas por mitad, deshuesadas y aplanadas, se maceren durante treinta minutos en leche. Luego de escurrirlas las fríes en la mitad de la mantequilla y del aceite, y las mantienes calientes. Asa enseguida los jitomates, los fríes en la grasa restante que soltó el pollo y los mueles revueltos con los chiles remojados y desvenados, y con la cebolla y los dientes de ajo. Cuela esta mezcla y la dejas a fuego muy lento. Aparte, en el resto de la mantequilla y del aceite, dora ligeramente el pan rebanado y luego lo mueles en la licuadora, junto con las nueces y el caldo, tras lo cual lo incorporas a la mezcla que se encuentra en el fuego. Añade las especias (también se puede utilizar pollo entero o pato) a esta preparación para después dejarla hervir por unos minutos más. Esta salsa la viertes sobre las pechugas, antes de servirlas.

Manchamanteles

# Manchamanteles

Tiempo de preparación: 40 minutos
Porciones: 8

## Ingredientes:

8 piernas de pollo con muslos
100 gramos (3 oz.) de plátano macho rebanado
50 gramos (2 oz.) de manteca de cerdo o aceite al gusto
100 gramos (3 oz.) de camote morado
50 gramos (2 oz.) de chiles anchos desvenados, cortados en rodajas y remojados
100 gramos (3 oz.) de jícama cortada en triángulos
200 gramos (7 oz.) de jitomates asados y pelados
Canela en polvo al gusto
3 tazas de caldo de pollo
Sal y pimienta al gusto
100 gramos (3 oz.) de piña cortada en trocitos
25 gramos (1 oz.) de ajonjolí tostado
100 gramos (3 oz.) de manzanas peladas y cortadas en forma de cuñas
50 gramos (2 oz.) de almendras peladas y tostadas

## Preparación:

» Fríe las piezas de pollo en la manteca, a fuego bajo, hasta que se doren ligeramente. Retira el pollo y en la misma grasa sancocha un adobo que preparas moliendo los chiles y los jitomates; lo cuelas y lo mezclas con el caldo, regresa las piernas de pollo, agrega las frutas y sazona con canela, sal y pimienta. Tapa la cacerola y la mantienes a fuego bajo hasta que todo esté cocido, pero aún firme. Lo sirves muy caliente con el ajonjolí y las almendras esparcidas por encima.

# Pechuga de pato con mango y
# *mole al jengibre*

Tiempo de preparación: 35 minutos
Porciones: 4

## Ingredientes:

2 mangos de Manila pelados y cortados en mitades
2 tazas de agua
100 gramos (3 oz.) de azúcar
4 pechugas de pato muy carnosas
Sal y pimienta, al gusto
1 cucharada de aceite de cártamo
20 gramos (1 oz.) de mantequilla
Hojas de albahaca, para adornar

## Para el mole al jengibre:

100 gramos (3 oz.) de mole poblano en pasta
1 cucharadita de jengibre fresco picado
1 cucharadita de miel de abeja
20 gramos (1 oz.) de mantequilla
Caldo de pollo, el necesario

## Preparación:

» Calienta el mole junto con el jengibre, la miel, la mantequilla y la cantidad de caldo necesaria para darle la consistencia adecuada. Aparte, escalfa las mitades de mango en un almíbar previamente elaborado con el agua y el azúcar. Después sazona la pechuga con sal y pimienta; salteándolas con el aceite y la mantequilla permitiendo que se cueza durante cuatro minutos por cada lado. Déjalas reposar diez minutos en un lugar caliente.
» Por último, vierte una cucharada de mole en cada plato y encima acomodas una pechuga; junto a ésta coloca una mitad de mango, previamente cortada en forma de abanico. Adorna con hojas de albahaca.

Pechuga de pato con
mango y mole al jengibre

# Pollo a la Martha *Chapa*

Tiempo de preparación: 1 hora
Porciones: 8

## Ingredientes:

100 gramos (3 oz.) de cebolla
½ taza de vinagre de manzana
1 cucharada de romero
50 gramos (2 oz.) de mantequilla
300 gramos (10 oz.) de jitomate asado, pelado
2 dientes de ajo
1 cucharada de mostaza
1 cucharadita de sal
500 gramos (1 lb) de manzana, pelada
descorazonada y partidas en gajos
1 pollo entero

## Preparación:

» Licua todos los ingredientes, exceptuando el pollo y
la manzana. Baña el pollo y déjalo macerando durante
3 horas. Coloca en un refractario
y agrega las manzanas.
» Hornea durante una hora a temperatura media.

# Pollo al *tomillo*

Tiempo de preparación: 35 minutos
Porciones: 4

## Ingredientes:

4 pechugas de pollo deshuesadas, cortadas en
mitades y ligeramente aplanadas
1 taza de leche
50 gramos (2 oz.) de mantequilla
2 cucharadas de aceite
3 tazas de caldo de pollo desgrasado
1 taza de vino blanco
1 manojito de tomillo fresco
Sal y pimienta blanca al gusto
2 yemas de huevo

## Preparación:

» Remoja las pechugas durante una hora en la leche.
Pasado ese tiempo escúrrelas, seca y fríe en ambas
grasas para después cubrirlas con el caldo, el vino, el
manojo de tomillo y espolvorearlas con sal y pimienta.
Déjalas al fuego tan bajo como sea posible hasta que
los líquidos se hayan reducido a la mitad y el tomillo
haya rendido su maravilloso aroma. Coloca entonces
las pechugas en una fuente caliente, cuela su caldo,
lígale las dos yemas cuidando que no hierva y con esa
salsa baña el pollo, adorna con unas ramas de tomillo
muy fresco.

## Nota:

En ocasiones puedes añadir a la salsa unos chiles de
árbol ligeramente fritos para lograr un delicado picante.
También puedes sustituir el tomillo por orégano fresco y
el resultado es maravilloso.

# Gallina
## en vinada

Tiempo de preparación: 30 minutos
Porciones: 8

## Ingredientes:

1 gallina
35 gramos (1 oz.) de manteca o aceite al gusto
3 dientes de ajo
20 gramos (1 oz.) de pan blanco
600 gramos (1 ¼ lb.) de jitomate
1 cebolla
2 clavos de olor
1 raja de canela
5 pimientas
1 cucharada de ajonjolí
5 hebras de azafrán
6 cucharadas de vinagre
1 cucharada de azúcar
½ taza de vino jerez

## Preparación:

» Tuesta el pan y el ajonjolí, muélelos con el jitomate asado y cuélalos con el azafrán remojado en dos cucharadas de agua, los clavos, la canela y las pimientas.

» En la manteca fríe los dientes de ajo, los retiras y en la misma manteca fríe la gallina cortada en piezas; cuando estén doradas agrega todo lo molido, ya frito añade el vinagre, el azúcar, sal y un litro de agua caliente; deja hervir hasta que la gallina esté suave y la salsa espesa, añade más agua caliente si es necesario; agrega el vino, déjalo hervir un poco y sírvelo caliente.

Pechugas rellenas
*bañadas en adobo*

# Pechugas rellenas bañadas en *adobo*

Tiempo de preparación: 40 minutos
Porciones: 4

## Ingredientes:

4 pechugas de pollo deshuesadas, cortadas en mitades y ligeramente aplanadas
1 taza de leche
50 gramos (2 oz.) de almendras peladas
50 gramos (2 oz.) de avellanas peladas
50 gramos (2 oz.) de nueces
50 gramos (2 oz.) de piñones rosados
1 taza de salsa blanca
100 gramos (3 oz.) de mantequilla
2 cucharadas de aceite
50 gramos (2 oz.) de chiles anchos desvenados, tostados y remojados
¾ taza de vinagre de manzana
1 cucharada de orégano en polvo
Sal y pimienta al gusto
1 taza de crema
Ramas de orégano fresco al gusto

## Preparación:

» Remoja las pechugas en la leche por lo menos durante una hora. Entretanto, pica con finura las almendras, las avellanas y las nueces y añade los piñones enteros. Haz una taza de salsa blanca y con ella aliña los granos picados. Con esta salsa rellena las pechugas y átalas; fríelas en ambas grasas a fuego muy bajo, cuidando que tomen un tono dorado pálido por todos lados. Desata y coloca en una fuente refractaria. Muele los chiles en la licuadora junto con el vinagre. Cuela esta salsa y sazona con el orégano, la sal y la pimienta; incorpora la crema y vierte sobre las pechugas. Hornea el platillo a temperatura baja durante media hora y preséntalo adornado con un puñado de almendras, avellanas, nueces y piñones fritos y las mejores ramas de orégano tierno y fresco.

Platos fuertes

# Pollo de  plaza

Tiempo de preparación: 40 minutos
Porciones: 8

## Ingredientes:

125 gramos (4 oz.) de manteca de cerdo
1 cebolla en rebanadas
1 pollo cortado en piezas
2 tazas de consomé de pollo
750 gramos (1 ½ lb.) de papas peladas, cocidas y rebanadas
Sal al gusto
Pimienta al gusto
500 gramos (1 lb.) de calabacitas ligeramente cocidas
⅓ taza de vinagre
¼ taza de aceite
1 kilo (2 lb.) de tomates pelados
1 cebolla pequeña
1 cucharadita de chile piquín en polvo
1 cucharadita de orégano seco

## Preparación:

» En una cazuela honda acitrona la cebolla en 100 gramos (3 oz.) de la manteca caliente, añade el pollo, deja que se dore ligeramente, vierte media taza de consomé y cocina hasta que se evapore. Retira del fuego y separa la grasa; en ésta fríe las papas sazonadas con sal y pimienta.
» Adereza las calabacitas con el vinagre y el aceite. Por separado, muele los tomates y la cebolla con el resto del consomé. Fríe esta mezcla en la manteca restante, deja cocinar hasta que se reduzca. Finalmente, sazona con sal, pimienta, chile piquín y orégano.
» Coloca el pollo en un platón, después vierte la salsa bien caliente, acomoda con gracia las papas y las calabacitas. Espolvorea por encima un poco de orégano y de chile piquín.

Pollo de *plaza*

# Camarones en mole *blanco*

Tiempo de preparación: 30 minutos
Porciones: 2

## Ingredientes:

16 camarones
4 litros (1 gal.) de pulque
4 chiles chipotles secos
6 dientes de ajo
1 cebolla grande
Sal
1 kilo (2 lb.) de piñones blancos
200 gramos (7 oz.) de mantequilla

## Preparación:

» En una olla sin tapar pon a hervir el pulque durante quince minutos, con los chiles, los dientes de ajo, pelados, la cebolla partida en mitades y un poco de sal. Pasado este tiempo agrega los camarones y manténlo ahí, a fuego bajo, durante media hora o más, hasta que estén cocidos; luego escurre y reserva.. Aparte fríe ligeramente los piñones en la mantequilla, sin permitir que tomen color. Reserva una parte enteros, para adornar posteriormente el platillo, y el resto muélelos con los ajos, la cebolla y dos o tres de los chiles, con un poco del pulque hervido. El resultado será la salsa o mole en que se echan los camarones, para que hierva de nuevo durante unos minutos. Antes de presentarlo esparce por encima los piñones que se habían separado.

## Nota:

Si deseas un platillo más picante, a la salsa anterior le puedes mezclar algunas venas y hasta semillas molidas de chiles secos, pero no más chiles, pues entonces el mole se teñiría de un color rosado.

# Asado de cerdo

Tiempo de preparación: 30 minutos
Porciones: 5

## Ingredientes:

1 kilo (2 lb.) de lomo de cerdo
1 cebolla pequeña picada
4 dientes de ajo pelados y picados
150 gramos (5 oz.) de manteca de cerdo
150 gramos (5 oz.) de chile colorado hervido, molido y colado
Sal y pimienta al gusto
¼ taza de vinagre
1 cucharada de orégano seco
1 cucharada de ralladura de hoja de aguacate

## Preparación:

» Pon a cocer la carne con el agua y ahí agrega la cebolla, ajos y un poco de sal. Cuando esté suave, córtala en cuadritos y colócala en una sartén con la manteca hasta que se dore. Por otra parte, mezcla el chile colorado con el caldo que obtuviste del cocimiento de la carne; salpimienta, agrega el vinagre, el orégano y la ralladura de hoja de aguacate. Añade esta salsa a la carne de cerdo y deja cocinar hasta que espese. Sirve enseguida sobre un platón.

## Nota:

Corta el lomo de cerdo en medallones, dóralos un poco y reserva la salsa para ponerla como base.

Platos fuertes

# Pato en salsa de *lichis*

Tiempo de preparación: 30 minutos
Porciones: 6

## Ingredientes:

3 cucharadas de vinagre
4 cucharadas de aceite de oliva
½ cucharadita de pimienta negra en polvo
1 pizca de nuez moscada
1 pato, tierno y deshuesado
2 tazas de puré de lichis
2 tazas de salsa española, a la que puedes agregar chile chipotle
Sal y pimienta al gusto
Clavos de olor

## Preparación:

» Licua el vinagre, el aceite de oliva, la pimienta, los clavos, la sal y la nuez moscada. Con esta preparación marina el pato durante dos horas. Transcurrido este tiempo lo fríes en la mantequilla caliente hasta que se dore ligera y uniformemente y reserva.

» Para preparar la salsa pon el azúcar a fuego lento hasta formar un caramelo; agrega el puré de lichis y la salsa española; salpimienta y deja a fuego bajo durante unos minutos. Coloca el pato dentro de la salsa, cocina unos diez minutos más y puedes servir. Tal vez te guste acompañar este platillo con un buen arroz.

# Arrachera con *chilmole*

## Ingredientes:

1 kilo (2 lb.) de arrachera
4 cucharadas de aceite
3 cucharadas de recaudo de chilmole
1 o 2 tazas de jugo de naranja o de piña
6 dientes (30 gramos) de ajo asados
1 o 2 tazas de caldo de res o de pollo
5 tomates verdes de milpa pequeños
5 jitomates cereza
200 gramos (7 oz.) de tocino en trozo
cortado en cubos de 2x2 cm
Palillos para brochetas
100 gramos (3 oz.) de hongos, previamente asados
4 cucharadas (60 gramos) de escabeche de cebolla
morada (ver receta pág. 20)
Sal y pimienta

## Preparación:

» En una sartén gruesa fríe con 2 cucharadas de aceite la carne hasta sellar por ambos lados y obtener el término que desees.
» Licua el chilmole con el jugo de naranja, ajos, caldo y 2 cucharas de aceite. Salpimienta y cuela.
» Pon la mezcla a reducir hasta obtener un mole ligero y resérvalo.
» Haz dos brochetas alternando tomates con jitomates y cubos de tocino; ásalas en la plancha.
» Corta la carne en 6 rebanadas.
» En platos muy calientes pon una porción de chilmole caliente, acomoda las rebanadas encima y acompaña con las brochetas, los hongos y un poco de escabeche.

## Nota:

Si el recaudo de chilmole o cualquier otra preparación de chiles está muy picante, reduce la intensidad congelándola por unas horas.
Esa misma receta puedes hacerla con filete, rib-eye o cualquier otro tipo de corte de res propio para la parrilla o la sartén.

# Salpicón de res con *cabuches*

Tiempo de preparación: 40 minutos
Porciones: 8-10

## Ingredientes:

2 litros (½ gal.) de agua
1 ¼ kilos (2 ½ lb.) de falda de res
3 hojas de laurel seco
1 diente de ajo pelado
1 cebolla pequeña
1 cucharadita de aceite de maíz
250 gramos (8 oz.) de cabuches
Sal y pimienta al gusto

## Para la guarnición:

1 cebolla mediana, cortada en rodajas
½ taza de aceite de oliva
2 cucharadas de vinagre de vino tinto
1 cucharadita de jugo de limón
2 cucharadas de orégano seco, triturado
1 cucharadita de pimienta negra recién molida
3 jitomates cortados en cubitos, sin semillas
1 lechuga cortada en juliana fina
1 aguacate cortado en cubitos
1 taza de rabanitos fileteados
6 chiles serranos rebanados

## Preparación:

» En una olla pon el agua y cuando hierva incorpora la carne, el laurel, el ajo, la cebolla, la sal y la pimienta junto con el aceite de maíz. Agrega los cabuches y cocina a fuego moderado durante una hora y media o hasta que la carne esté tierna. Retira del fuego deja enfriar la carne en el caldo y deshebra.

» Aparte, prepara la guarnición: en un bol combina la cebolla, el aceite de oliva, el vinagre y el jugo de limón; sazona con el orégano, la pimienta y la sal.

» Añade la carne deshebrada. Mezcla con los ingredientes y deja reposar durante quince minutos. Antes de servir agrega los jitomates, la lechuga, el aguacate, los rabanitos y los chiles. Presenta la carne en un platón y acompáñala con tostadas y chiles jalapeños.

# Cabrito al horno de la

**Tiempo de preparación:**
1 hora 30 minutos
**Porciones:** 8-10

## Ingredientes:

1 cabrito de 15 a 21 semanas de
nacido, cortado en piezas
1 taza de aceite de maíz
1 taza de manteca de cerdo
3 jitomates cortados en cuarterones
1 cebolla cortada en aros
3 dientes de ajo finamente picados
6 hojas de laurel
½ taza de vino blanco
1 taza de agua
Sal y pimienta al gusto

## Preparación:

» Pon el cabrito, con las piezas hacia
arriba, en una charola de horno.
Añade el resto de los ingredientes y
mete al honro precalentado a
175 °C (350 °F) durante una hora y
media; voltea las piezas del cabrito y
hornea una hora más o hasta que la
carne esté dorada.

# Panuchos

Tiempo de preparación: 20 minutos
Porciones: 10

## Ingredientes:

500 gramos (1 lb.) de frijoles negros cocidos
12 hojas de epazote
1 pollo pibil
1 cebolla morada (250 gramos)
1 ½ tazas (375 mililitros) de vinagre
2 chiles habaneros
500 gramos (1 lb.) de tortillas de maíz recién hechas y con la
"telita" u hollejo de la superficie despegado de ellas
½ taza (125 gramos) de aceite
1 lechuga
4 jitomates (800 gramos)
Sal

## Preparación:

» Muele los frijoles con las hojas de epazote y un poco de
caldo. El molido debe quedar espeso; si es necesario, pon a
hervir para que espese un poco más.
» Deshebra el pollo. Rebana la cebolla finamente, lávala con
agua caliente, escúrrela y ponla en el vinagre con sal y los
chiles habaneros.
» Abre la "telita" superficial que se forma sobre la tortilla
cuando se infla en el comal. Unta dentro el frijol; tapa con la
misma "telita". Fríe en aceite.
» Cuando estén dorados escúrrelos para quitar el exceso
de aceite. Encima de cada uno pon un poco de pollo pibil
deshebrado y adorna con lechuga picada, rebanadas de
jitomate y cebolla.
» También puedes servir con escabeche de cebolla morada.

*Platos fuertes*

# Chiles en nogada a la

## *Martha Chapa*

Tiempo de preparación: 50 minutos
Porciones: 12

### Ingredientes:

12 chiles poblanos
2 tazas de harina
Azúcar al gusto
6 huevos
Aceite para freír, el necesario

## Para el relleno:

1 kilo (2 lb.) de carne de cerdo
Hierbas de olor, unas ramitas
Sal y pimienta al gusto
½ taza de aceite de oliva o
manteca de cerdo
6 dientes de ajo finamente picados
2 cebollas medianas finamente
picadas
1 kilo (2 lb.) de jitomate asado,
pelado y partido en gajos
1 plátano macho pelado y picado
4 duraznos pelados y picados
4 manzanas peladas y picadas
4 peras de leche peladas y picadas
100 gramos (3 oz.) de almendras
peladas, tostadas y picadas
50 gramos (2 oz.) de piñones rosados
50 gramos (2 oz.) de nuez
½ taza de pasitas negras
½ taza de pasitas doradas y rojas
½ taza de perejil picado
½ cucharada de clavo molido
½ cucharadita de cardamomo
½ cucharada de canela molida

## Para la nogada:

100 nueces de Castilla peladas y
remojadas en leche
2 tazas de leche de vaca (opcional:
también se puede usar evaporada)
1 taza de queso de cabra
¼ taza de jerez
1 pizca de sal

## Para adornar:

2 granadas peladas y desgranadas
1 manojo de perejil lavado y cortado
en ramitas

## Preparación:

» Pon a cocer la carne en agua con sal y una hierbitas de olor. Déjala enfriar y la deshebras o bien la picas en trozos gruesos. Aparte, en una cacerola grande calienta el aceite y fríe los ajos y la cebolla hasta que esté transparente. Añade el jitomate y deja cocinando durante quince minutos. Enseguida licua estos ingredientes, cuela y de nueva cuenta vacía a la cacerola donde estaba. Agrega la fruta picada, las almendras, las pasas, el perejil y las especias, y mantenlo a fuego medio durante treinta minutos. Incorpora la carne, el azúcar, sal y pimienta, y deja a fuego suave durante quince minutos. Apaga y deja enfriar.

» Aparte, asa los chiles al fuego directo sin que se quemen, pues deben quedar firmes. Los pelas, los desvenas y dejas remojando en agua con sal durante treinta minutos. Luego sécalos muy bien. Enseguida rellénalos con el picadillo, enharínalos y colócalos sobre una charola.

» Por otro lado, bate las claras con una pizca de sal a punto de turrón. Incorpora las yemas una a una junto con una cucharada de harina. Después toma un chile por el rabito, capéalo en el huevo y sacudes ligeramente. Sumérgelo en el aceite caliente y lo bañas ahí mismo para que esponje, volteándolo para lograr su cocimiento parejo. Colócalo sobre toallas de papel absorbente o sobre papel de estraza. Repite el procedimiento con cada chile. Acomódalos en un platón.

» Para la nogada muele las nueces en la licuadora y agrega poco a poco la leche, cuidando que quede ligeramente espesa y aterciopelada. Añade el jerez y la sal.

» Para el montaje baña los chiles con esta exquisita y legendaria salsa, rocíalos con la granada y perejil muy triturado.

## Notas:

Es recomendable que los chiles en nogada se sirvan como platillo único, ya que la armoniosa y suculenta mezcla de sabores y colores no necesita de ningún acompañamiento, que, por el contrario, podría restarle su majestuosidad.
En lugar de queso de cabra puedes usar queso ricotta, que da muy buen resultado, pues es neutro y cremoso.

Pavo con miel de *calabaza*

# Pavo con miel de *calabaza*

(Receta de Gloria Manssur)

Tiempo de preparación: 3 horas
Porciones: 12

## Ingredientes:

1 pavo de 7 u 8 kilos (15-17 lb.)
3 barras de mantequilla Gloria
3 dientes de ajo exprimidos
7 cucharaditas de sal
1 botella de vino blanco
1 botella de jerez dulce
1 naranja pelada
1 manzana pelada
1 raja de canela

## Preparación:

» Hierve todo.

» Inyecta el pavo con esta mezcla, procurando mantenerla caliente, de lo contrario se tiende a solidificar y no se puede introducir. Marina boca abajo, de preferencia toda la noche. Para hornear, ponle un poco más de vino blanco y el jerez; asimismo le metes al buche la naranja, la manzana y la canela. Tapa o cubre con papel aluminio. Hornea por espacio de dos horas y después baña con miel de calabaza en tacha y en ese momento destapas para que se glasee. Debe quedar de un color café claro.

# Pavo al estilo de mi *madre*

Tiempo de preparación: 5 horas
Porciones: 12

## Ingredientes:

1 pavo grande de 10 a 12 kilos (20-25 lb.)
2 tazas de vino blanco
2 tazas de tequila añejado

*Platos fuertes*

## Para el marinado:

10 dientes de ajo, pelados y asados
10 dientes de ajo pelados
2 cucharadas de tomillo seco o 15 tomillos frescos
2 cucharadas de mejorana seca o 15 ramitas
8 hojas de laurel de hoja pequeña frescas
2 tazas de mantequilla a la temperatura ambiente
1 taza de aceite de oliva
1 ½ cucharadas de pimienta gorda recién molida
2 ½ cucharadas de sal de ajo
1 cucharada de sal de cebolla
2 poros rebanados delgados
3 cebollas medianas rebanadas delgadas
½ taza de leche
2 cucharadas de curry en polvo

## Para el relleno:

½ taza de aceite de oliva
½ taza de mantequilla
12 dientes de ajo pelados
2 tazas de cebolla rallada
1 ¾ kilos (3 ½ lb.) de carne molida combinada (res, puerco, ternera, pollo y jamón)
6 jitomates grandes finamente picados
150 gramos (5 oz.) de champiñones picados
1 taza de pasitas
2 tazas de ciruela pasa deshuesada picada finamente
1 ½ tazas de piña curtida o acitrón picado finamente
1 taza de aceitunas picadas
¾ taza de piñones
¾ taza de almendras picadas
2 tazas de castañas picadas
4 manzanas picadas finamente

1 cucharada de canela en polvo
½ cucharada de nuez moscada
1 cucharada de pimienta negra molida
1 hoja de laurel fresca
3 ramitos de tomillo
3 ramitos de mejorana
1 ½ tazas de jerez o vino blanco

## Para la salsa:

Los poros y cebollas restantes después de cocido el jugo del pavo
4 tazas de caldo de pollo
3 cucharadas de maicena disuelta en 1 taza de agua
1 taza de jerez seco
½ taza de azúcar quemada

## Para la guarnición:

4 flores de nochebuena
2 ramitos de uvas
2 claras de huevo batidas
Azúcar al gusto
Perejil chino

## Preparación:

» Primero lava y seca el pavo, lo bañas con el vino y el tequila y se lo inyectas en la pechuga, las piernas y por dentro.

» Para la marinada muele en la licuadora los ajos asados y crudos, junto con el tomillo, la mejorana, el laurel, la mantequilla, el aceite de oliva y el curry, la pimienta y las diferentes sales. Unta el pavo con esta mezcla por dentro y por fuera.

» Afloja con cuidado la piel de la pechuga y unta por debajo de la piel, Pon en una pavera o charola los poros y la cebollas. Acomoda el pavo encima de las verduras, moja un trapo con la leche, lo cubres y lo refrigeras durante el día.

» Para el relleno, calienta el aceite en una cacerola y agrega la mantequilla. Dora los ajos y los retiras. Incorpora la cebolla rallada y la cocinas hasta que adquiera un color café. Añade la carne molida y la cueces hasta que empiece a soltar su grasa. Vierte el resto de los ingredientes y cocina todo a fuego lento durante una hora y media o hasta que esté espeso y seco. Mueve con una cuchara para que no se pegue y lo sazonas con las especias.

» Precalienta el horno a 400 °F o 200 °C durante dos horas. Cocina el pavo a esta temperatura durante media hora, cúbrelo con papel aluminio y reduce la temperatura a 350 °F o 175 °C. Continúa cocinándolo durante cuatro o cinco horas, dependiendo del tamaño del pavo. En los últimos 45 minutos de cocción báñalo con su jugo hasta que tome un color dorado parejo (debes tener mucho cuidado de no resecarlo).

» Pica las piernas para ver si sale líquido. Retira del horno y deja reposar durante 45 minutos antes de rebanarlo.

» Para la salsa muele el poro y la cebolla con los jugos, agrega el caldo de pollo y lo cuelas. Incorpora la maicena disuelta en el agua, junto con el jerez y el azúcar quemada; cocina la salsa durante 25 minutos o hasta que esté espesa, vuelve a sazonarla y la mantienes caliente.

» Para la presentación coloca el pavo en una charola redonda. Decora los lados con flores, moja las uvas en las claras batidas, revuélcalas en el azúcar, las escurres y las acomodas encima de las flores. Adorna con el perejil chino.

» Rebana el pavo en la mesa y sírvelo con la salsa caliente acompañado de camote al horno.

Pavo al estilo de mi *madre*

# Cabrito a la
# Martha Chapa

Tiempo de preparación: 40 minutos
Porciones: 8

## Ingredientes:

1 cabrito tierno
75 gramos (2 a 3 oz.) de manteca de cerdo
1 taza de consomé de res
6 hojas de laurel
4 ramas de tomillo
4 ramas de mejorana
2 tazas de vino tinto
4 manzanas, peladas, desemilladas y partidas en cuartos
1 cucharadita de azúcar morena
½ cucharadita de canela en polvo
Sal y pimienta al gusto
1 ½ tazas de crema

## Preparación:

» Lava el cabrito muy bien; después lo partes en piezas
chicas y lo fríes en la manteca. Cuando esté bien
doradito, agrega el consomé de res y las hierbas de
olor. Deja que se cocine hasta que el cabrito esté suave;
añade el vino tinto, las manzanas, el azúcar, la canela,
la sal y la pimienta y lo dejas hervir hasta que espese
la salsa. Cuando ésta quede lista, aparta del cabrito
y cuela para después mezclarla con la crema en la
licuadora. De nuevo agrega esta salsa al cabrito y deja
que se caliente. Sirve inmediatamente.

Platos fuertes

Guarniciones

# Arroz de *boda*

Tiempo de preparación: 40 minutos
Porciones: 8

## Ingredientes:

2 tazas de arroz, remojado y escurrido
1 litro (¼ gal.) de caldo
25 gramos (1 oz.) de cominos
100 gramos (3 oz.) de pasitas de uva
Manteca o aceite vegetal, al gusto

## Preparación:

» Fríe el arroz en la manteca caliente, enseguida agrega el caldo, los cominos y finalmente las pasas hasta quedar bien cocido, pero sin que los granos se deshagan. Es tradicional, como su nombre lo indica, para servirlo en las bodas de las rancherías.

# Quiote de *maguey*

Tiempo de preparación: 30 minutos
Porciones: 8

## Ingredientes:

1 kilo (2 lb.) de quiote tierno rebanado
Agua, la necesaria
Sal al gusto
½ taza de aceite
2 dientes de ajo pelados y picados
4 chiles cascabel desvenados, asados y molidos
1 pizca de comino en polvo

## Preparación:

» Pon a cocer los quiotes en una olla con el agua y la sal; cuida que no se rompan. Los escurres sobre un cedazo.
» En una cazuela pon a calentar el aceite para freír los quiotes ya cocidos; añade el ajo, el chile, el comino y la sal. Déjalos cocinar. Sirve en un bonito platón.

# Queso con chile y orégano fresco

Tiempo de preparación: 25 minutos
Porciones: 5

## Ingredientes:

2 ½ tazas de aceite
1 kilo (2 lb.) de chilacas
¼ taza de mantequilla
1 cebolla picada
1 kilo (2 lb.) de queso
1 taza de leche
1 taza de crema
½ kilo (1 lb.) de jitomates pelados y picados
1 ramito de orégano fresco
Tortillas de harina, las necesarias

## Preparación:

» En una sartén calienta dos tazas del aceite y fríe ahí los chiles. Cuando su piel se empieza a levantar, los metes en una bolsa de plástico, déjalos a que suden un poco, los pelas y los cortas en tiritas.
» En otra sartén derrite la mantequilla y agrega el aceite restante; ahí fríe las cebollas y el jitomate; añade las tiras del chile y el queso. Cuando empiece a derretirse el queso, incorpora la leche y la crema; salpimienta y lo dejas en el fuego quince minutos. Sirve con tortillas de harina recién hechas y adorna con el orégano fresco.

# Corona de fideo

Tiempo de preparación: 40 minutos
Porciones: 8-10

## Ingredientes:

500 gramos (1 lb.) de fideos gruesos (en madeja)
4 tazas (1 litro) de aceite
6 jitomates (1 kilo) hervidos y pelados
2 dientes (8 gramos) de ajo
½ cebolla (80 gramos) mediana
1 taza (100 gramos) de queso fresco rallado
2 cucharadas de orégano
1 cucharadita de pimienta
1 cucharada de cebolla finamente picada
1 aguacate (200 gramos) cortado en rebanadas
Sal y pimienta
1 taza de piñones (opcional)
8 chiles chipotles secos asados y remojados

## Preparación:

» Precalienta el horno a 180 °C. En el aceite bien caliente dora los fideos durante 2 o 3 minutos, volteándolos de vez en cuando. Reserva en papel absorbente. Licua los jitomates con el ajo, cebolla y un poco del agua donde se cocieron. Salpimienta y hierve 15 minutos.
» Acomoda los fideos en un molde metálico en forma de corona. Agrega el caldillo hasta cubrirlos y tapa con papel aluminio. Hornea 15 minutos. Corta los chipotles por un costado y con una cucharada saca las semillas; rellénalos con una mezcla formada por el queso, orégano, cebolla rallada y pimienta. Retira el molde del horno, voltea la mezcla sobre un platón y decora con los chiles rellenos y rebanadas de aguacate.
» Como adorno puedes rociar los piñones encima de la corona.

# Cabuches de *biznaga*

Tiempo de preparación: 15 minutos
Porciones: 10

## Ingredientes:

1 kilo (2 lb.) de cabuches
4 tazas de agua
Sal al gusto
½ taza de aceite
2 dientes de ajo pelados y picados
1 cucharadita de comino en polvo

## Preparación:

» En una olla pon a cocer los cabuches con el agua y la sal. Cuando estén cocidos escúrrelos en un cedazo. Aparte en una sartén calienta el aceite y sancóchalos; agrega el ajo, el comino y déjalos sazonar. Sirve inmediatamente.

# Ensalda con flor de Jamaica

Tiempo de preparación: 20 minutos
Porciones: 4

## Ingredientes:

1 taza de flores de Jamaica hidratadas
3 tazas de lechuga italiana
½ manzana roja
½ manzana verde
½ taza de uvas sin semilla
½ taza de jitomate cereza
4 cucharadas de arándanos deshidratados

## Para la vinagreta:

3 cucharadas de aceite de oliva
1 cucharada de vinagre
1 cucharada de arándanos deshidratados y picados
Sal y pimienta al gusto

## Preparación:

» Mezcla flores y lechuga, corta en medias lunas las manzanas, agrega a la lechuga con uvas, jitomate y arándanos.
» Prepara la vinagreta mezclando todos los ingredientes. Sirve con la ensalada.

# Ensalada con pollo adobado y *Roquefort*

Tiempo de preparación: 20 minutos
Porciones: 4

## Ingredientes:

1 diente de ajo
¼ de cebolla
1 jitomate
1 raja de canela
1 clavo
2 chiles guajillo
2 chiles chipotles
1 cucharada de piloncillo
3 cucharadas de vinagre
¼ de cucharadita de comino
Sal y pimienta al gusto
1 pechuga de pollo en cubos
2 tazas de lechuga italiana
½ taza de cacahuates tostados
3 cucharadas de queso Roquefort
3 tortillas en juliana y horneadas
¼ de cebolla morada en juliana

## Preparación:

» Asa en un comal ajo, cebolla, jitomate, clavo y chiles, hidrata los chiles en agua caliente, mezcla en tu licuadora todos los ingredientes, agrega piloncillo, vinagre, comino, sal y pimienta.
» Coloca el adobo en un tazón con el pollo y cocina.
» Mezcla en una ensaladera con lechuga, cacahuates, queso, tortilla y cebolla, sirve.

# Ensalada de queso y *vegetales*

Tiempo de preparación: 20 minutos
Porciones: 4

## Ingredientes:

4 cucharadas de aceite de oliva
1 taza de papas cambray
½ taza de jamón en cubos grandes
½ taza de tocino grueso, picado
2 zanahorias picadas
1 taza de queso blanco en cubos
1 taza de champiñones en mitades
3 rebanadas de piña picada
½ taza de jitomates cherry
Sal y pimienta al gusto

## Preparación:

» Calienta aceite en una sartén, agrega los ingredientes
uno a uno hasta dorar, sazona con sal y pimienta.
» Sirve en tazones chicos.

Salsas

# Salsa borracha

## Ingredientes:

4 dientes de ajo
200 gramos (7 oz.) de chile pasilla tostado,
desvenado y remojado
¼ taza de aceite de oliva
1 litro (¼ gal.) de pulque
Sal al gusto
3 chiles serranos en vinagre, o al gusto
1 cebolla pequeña picada

## Preparación:

» Muele en un molcajete los ajos, agrega los
chiles, el aceite y por último el pulque. Mezcla y
sazona. Sirve en una pequeña cazuelita. Adorna
con los chiles en vinagre y la cebolla.

## Nota:

Puedes añadir al final queso añejo desmenuzado,
para enriquecer el sabor de esta salsa. Existe una
variante, pues en el norte suelen sustituir el pulque
por la callada de la cerveza.

# Salsa
## colorada

## Ingredientes:

100 gramos (3 oz.) de chile piquín seco
100 gramos (3 oz.) de chile cascabel seco
8 dientes de ajo pelado
1 cebolla partida
1 cucharadita de comino en polvo
1 cucharadita de orégano
2 tazas de vinagre
3 hojas de laurel
1 ramita de tomillo
1 ramita de mejorana
Sal al gusto

## Preparación:

» Mueles los chiles junto con los ajos y la cebolla, el comino
y el orégano. Reservas la mezcla. Sobre una cazuela pones
al fuego el vinagre con las hierbas de olor hasta que dan
un hervor. Retiras del fuego y separas las hierbas de olor.
Viertes el vinagre en la mezcla de los chiles. Sazonas y mueles
perfectamente. Después dejas enfriar la salsa y la metes al
refrigerador en un frasco de vidrio esterilizado y tapado
durante dos días. Después puedes disfrutarla en múltiples
platillos y además puedes conservarla durante largo tiempo.

# Salsa de tomate verde y *naranja*

## Ingredientes:

¼ taza de aceite
500 gramos (1 lb.) de tomates verdes picados
6 chiles chipotles adobados o al gusto
1 cucharada de azúcar morena
3 naranjas (su jugo)
1 cucharadita de comino en polvo
3 dientes de ajo
1 cebolla
Sal al gusto

## Preparación:

» Calienta el aceite en una sartén; después agrega los tomates y los chiles chipotles. Añade el azúcar, el jugo de naranja, el comino y la sal. Deja cocinar hasta que espese.

# Salsa *negra*

Tiempo de preparación: 15 minutos

## Ingredientes:

500 gramos (1 lb.) de tomates a tomates de fresadilla con su cáscara
100 gramos (3 oz.) de cebolla
4 dientes de ajos
4 chiles piquín o al gusto

## Preparación:

» Asa todos los ingredientes en el comal y muélelos en el molcajete.

## Nota:

Puedes usar chile puya; serrano, de árbol o cascabel.

# Salsa del agricultor

## Ingredientes:

½ cucharadita de pimienta
½ cucharadita de cominos
1 cucharada de orégano
5 dientes de ajo
2 cucharadas de cebolla
100 gramos (3 oz.) de chile piquín
100 gramos (3 oz.) de chile cascabel
50 gramos (2 oz.) de chile chipotle
100 gramos (3 oz.) de chile ancho
¼ de litro (8 oz.) de aceite
1 cucharada de pimentón
½ litro (1 pinta) de vinagre
Sal, al gusto

## Preparación:

» Muele en la licuadora cominos, pimentón y orégano; agrega ajos y cebolla con un poco de vinagre. Después los chiles cocidos y desvenados, sin semillas y el resto del vinagre.
» Licua todo muy bien y pasa por un colador. Fríe en aceite caliente y deja hervir.

Tortillas

# Tortilla de harina *sonorense*

Tiempo de preparación: 30 minutos
Porciones: 20 tortillas

## Ingredientes:

350 gramos (12 oz.) de harina
75 gramos (2 a 3 oz.) de manteca
½ taza de agua tibia
1 cucharadita de sal

## Preparación:

» Cierne la harina junto con la sal, añade la manteca y luego incorpora, poco a poco, el agua fría.

» Forma así una masa que debes trabajar hasta que quede suave. Envuélvela con un paño húmedo y deja reposar durante un cuarto de hora. Después divide en bolitas y extiéndelas con un rodillo lo más delgado posible. Cocina sobre un comal.

# Tortilla de *garbanzo*

Tiempo de preparación: 30 minutos
Porciones: 20 tortillas

# Tortilla de harina con *queso*

Tiempo de preparación: 30 minutos
Porciones: 20 tortillas

## Ingredientes:

350 gramos (12 oz.) de harina
100 gramos de queso
75 gramos (2 a 3 oz.) de manteca
½ taza de agua tibia
1 cucharadita de sal

## Preparación:

» Amasa la harina y el queso junto con el agua, la sal y la manteca; en seguida tortea las tortillas y las cueces.

## Ingredientes:

250 gramos (8 oz.) de garbanzos
1 taza de harina o ½ kilo (1 lb.) de masa

## Preparación:

» Cuece el garbanzo con sal en una olla; cuando esté bien cocido saca a enfriar; después muele en metate o molino, y luego amasa con un poco de harina y agua (la necesaria) o masa; cuando esté amasado, tortea y cueces en el comal de barro o metal.

*Tortillas*

175

# Dulces & postres

Glorias

# Glorias

## Ingredientes:

4 tazas de leche
2 ½ tazas de azúcar
3 cucharadas de vainilla
3 cucharadas de miel de maíz
1 taza de nuez picada
½ cucharadita de bicarbonato

## Preparación:

» Coloca en un cazo de cobre todos los ingredientes, excepto el bicarbonato y la nuez; al primer hervor añade el bicarbonato, baja la flama y deja hervir moviendo hasta que espese la mezcla y se vea el fondo del cazo.

Retira del fuego y deja enfriar hasta que puedas tocar la mezcla. Sin dejar de mover, incorpora la nuez picada y, con las manos enharinadas, toma pequeñas porciones de la mezcla y forma bolitas de tamaño mediano. Por último envuélvelas en papel celofán rojo.

# Semitas de *anís*

## Ingredientes:

1 kilo (2 lb.) de harina de trigo
3 cucharadas de polvo para hornear
2 piloncillos rallados
½ cucharada de sal
400 gramos (14 oz.) de manteca de cerdo
1 taza de té de anís
150 gramos (5 oz.) de azúcar

## Preparación:

» Mezcla todos los ingredientes secos, los revuelves con la manteca y el té de anís. Forma así una masa suave para hacer bolas medianas y las extiendes. Espolvorea las semitas con azúcar y las colocas en una charola engrasada. Las horneas a 350 °C por espacio de treinta minutos.

Semitas de *anís*

# Dulce de camote con
# *naranja*

Tiempo de preparación: 40 minutos
Porciones: 30

## Ingredientes:

1 kilo (2 lb.) de camote
5 naranjas
½ kilo (1 lb.) de azúcar
100 gramos (3 oz.) de nuez

## Preparación:

» Cuece el camote en agua, lo pelas y pasa la pulpa por un colador. En un cazo de cobre pon el camote machacado, el jugo de las naranjas y el azúcar. Mientras hierve, menea de manera constante con una cuchara de madera hasta que se vea el fondo. Vacía en un molde y le esparces la nuez picada.

# Pan de *elote*

Tiempo de preparación: 40 minutos
Porciones: 8

## Ingredientes:

100 gramos (3 oz.) de mantequilla
½ taza de azúcar
1 taza de granos de elote tierno y molido
50 gramos (2 oz.) de harina
1 cucharadita de polvo para hornear
4 huevos
1 pizca de sal
50 gramos (2 oz.) de mantequilla derretida, mezclada con una cucharada
de aceite de maíz para engrasar los moldes

## Preparación:

» Bate la mantequilla con el azúcar, añade los granos de elote, los huevos uno a uno mezclándolos bien; enseguida la harina, el polvo para hornear y la sal. Precalienta muy bien el molde sobre la hornilla, añade la mantequilla mezclada con el aceite y luego la masa del pan. Tapa y deja aproximadamente diez minutos o hasta que esponje. Voltea el pan, ayudándote con un utensilio adecuado, y deja reposar diez minutos más aproximadamente.

## Presentación:

Puedes servir en un platón redondo, acompañado por café o chocolate.

*Dulces y Postres*

# Nogada

Tiempo de preparación: 1 hora
Porciones: 10

## Ingredientes:

### Para el guayabate:

½ kilo (1 lb.) de guayabas partidas a la mitad y deshuesadas
½ kilo (1 lb.) de azúcar
1 taza de agua

### Para la cajeta:

4 tazas de leche de vaca no homogeneizada
1 raja de canela o 1 vaina de vainilla
½ cucharadita de bicarbonato
1 ¾ kilos (3 ½ lb.) de azúcar
¼ de taza de miel de maíz
1 taza de nueces toscamente picadas

## Preparación:

» Para el guayabate cuece las guayabas con agua hasta que estén suaves. Luego las mueles y cuelas. Aparte, pon el azúcar sobre el fuego con el agua y cuando tome punto de caramelo, añade la guayaba y deja espesar unos minutos.

» Para la cajeta hierve la leche con la canela o la vainilla y el bicarbonato, en un recipiente grueso con capacidad para tres litros. Le añades el azúcar y la miel de maíz; mezclas bien y dejas hervir a fuego lento, moviendo de vez en cuando, hasta que tome punto de hebra o de cajeta (cuando se comienza a ver el fondo del cazo). Retira de la lumbre y deja enfriar.

## Nota:

Cuando empieza a espesar, después de aproximadamente cuarenta y cinco minutos, debes mover constantemente para que no se queme. Estos ingredientes rinden un rollo.
Manera de armar el rollo: extiende la pasta de guayaba sobre una mesa de acero inoxidable o sobre papel encerado, formando un rectángulo y deja enfriar. Vierte sobre ella aproximadamente una taza de cajeta untándola bien, y añade la nuez picada. Enrolla formando un taco. Si vas a guardarla, lo envuelves en papel celofán transparente y luego en celofán rojo.

# Rosquitas

Tiempo de preparación: 30 minutos
Porciones: 50

## Ingredientes:

1 kilo (2 lb.) de azúcar
1 kilo (2 lb.) de nuez molida
1 taza de leche tibia
(aproximadamente)

## Preparación:

» Muele el azúcar en el procesador
de alimentos, mezcla con la nuez
molida y luego añade poco a poco
la leche hasta formar una pasta
manejable. Pon la pasta en una
manga de pastelero con una duya
de estrella y poco a poco forma las
rosquitas. Las pones en charolas y
mete al horno precalentado a 150 °C
hasta que sequen, cuidando que no
se tuesten.

# Naranjas rellenas de sorbete de *piloncillo*

Tiempo de preparación: 40 minutos
Porciones: 10

## Sorbete de *piloncillo*

### Ingredientes:

2 piloncillos de nuez rallados
2 tazas de agua
½ taza de ron

### Preparación:

» Disuelve el piloncillo en el agua caliente, después vierte el licor. Deja enfriar la mezcla para que cuaje en la sorbetera.

## Salsa de elote *tierno*

### Ingredientes:

1 kilo (2 lb.) de elotes tiernos desgranados
4 tazas de leche
1 taza de azúcar
½ cucharadita de sal
1 raja de canela

### Preparación:

» Muele los granos de elote con la leche, el azúcar y la sal. Cuela esta mezcla y vacíala en una olla; agrega la canela, pon la salsa a fuego lento hasta que espese.

### Ingredientes:

5 naranjas cubiertas, partidas por la mitad
2 tazas de licor de naranja
Sorbete de piloncillo
Salsa de elote tierno
Flores frescas de azahar (para adornar)

### Preparación:

» Deja macerar las naranjas en el licor de naranja, durante una noche. Ya listas, rellena con sorbete de piloncillo. Para servirlas coloca en el fondo de platitos de postre individuales la salsa de elote y después la naranja rellena. Adorna con flores de azahar.

### Nota:

También puedes rellenar esta fruta con leche quemada y ofrecerla con la misma salsa.

# Dulce de *leche*

Tiempo de preparación: 2 horas
Porciones: de 20 a 30

## Ingredientes:

2 tazas de leche
2 tazas de azúcar
1 vaina de vainilla partida en dos a lo largo
1 pizca de bicarbonato

## Para adornar:

30 o 40 nueces

## Preparación:

» Pon a hervir la leche, el azúcar, la vainilla y el bicarbonato hasta que tome punto de bola suave (esto se comprueba cuando al poner la mezcla en un poco de agua, ésta flota). Saca del fuego y bate muy bien hasta que se torne manejable con las manos, posteriormente haz unas bolitas medianas, aplánalas un poco y en el centro colócales una nuez.

Conserva de *naranja*

# Conserva de *naranja*

Tiempo de preparación: 50 minutos
Porciones: 4 frascos

## Ingredientes:

12 naranjas
3 tazas de agua
1 cucharadita de sal
2 tazas de jugo de naranja
250 gramos (8 oz.) de azúcar
1 rajita de canela
Hojas de naranjo y azahares frescos, para adornar

## Preparación:

» Quita la cáscara a las naranjas, las cortas en mitades y les exprimes el jugo. En un recipiente pon a hervir las cáscaras con dos tazas de agua y la sal, hasta que se suavicen. Posteriormente retíralas del fuego. Enseguida enjuágalas varias veces con agua fría.

» Aparte, prepara la miel de la siguiente manera: pon a hervir el agua restante, el jugo de naranja, el azúcar y la canela por espacio de una hora hasta que se forme una miel ligera. Agrega las naranjas y deja que la conserva adquiera un color ocre. Deja enfriar y vierte en frascos de vidrio esterilizados, tápalos perfectamente. Refrigera.

» Para servir este postre adórnalo con hojas de naranjo y flores de azahar.

# Empanadas de calabaza y *almendra*

Tiempo de preparación: 15 minutos
Porciones: 4

## Ingredientes:

300 gramos (10 oz.) de harina de trigo
50 gramos (2 oz.) de azúcar
150 gramos (5 oz.) de mantequilla
200 gramos (7 oz.) de queso doble crema
3 yemas de huevo
2 yemas de huevo para barnizar

## Para el relleno de calabaza:

1 calabaza de Castilla chica
500 gramos (1 lb.) de azúcar
1 cucharadita de canela en polvo
1 cucharada de anís en polvo
½ taza de nueces picadas

## Para el relleno de almendras:

¾ taza de azúcar morena
3 cucharadas de mantequilla
½ taza de almendras peladas, tostadas y picadas
1 cucharada de extracto de vainilla

## Preparación:

» Mezcla la harina, el azúcar, la mantequilla y el queso junto con las yemas. Forma una masa que envolverás en papel encerado y refrigera durante dos horas. Transcurrido este tiempo, saca la masa del refrigerador y forma bolitas que vas a extender con un rodillo en forma circular sobre una mesa de trabajo enharinada. Finalmente coloca el relleno, dobla cada una en forma de empanada y sella las orillas con las yemas de los dedos. Barnízalas con una brocha usando las yemas batidas. Las introduces al horno precalentado y hornea a 350 °F (175 °C) hasta que se doren.

» Para el relleno de calabaza cuece la calabaza, extrayendo la pulpa y quita las semillas. Agrega el azúcar, la canela y el anís. Pon a fuego lento, removiendo constantemente hasta tener un dulce espeso. Incorpora las nueces y lo dejas enfriar para rellenar las empanadas.

» Para el relleno de almendra bate el azúcar con la mantequilla derretida en un procesador de alimentos, Añade las almendras y al final la vainilla. Logra una mezcla uniforme y rellena las empanadas.

## Nota:

Existen muchas variantes de empanadas; entre las más conocidas están las de piña y cajeta.

Empanadas de
*calabaza y almendra*

Pastel de queso con *naranja*

# Pastel de queso con *naranja*

Tiempo de preparación: 1 hora
Porciones: 8

## Ingredientes:

225 gramos (8 oz.) de galletas marías
140 gramos (5 oz.) de mantequilla
Agua, la necesaria
325 gramos (11 oz.) de queso crema
6 huevos
1 taza de jugo de naranja
2 cucharadas de ralladura de naranja (opcional)
⅓ taza de miel de abeja
4 cucharadas de harina de trigo
¼ taza de licor de naranja
2 cucharadas de azúcar
Rebanadas de naranja para adornar

## Preparación:

» En el procesador de alimentos muele las galletas, después mézclalas con la mantequilla derretida ya fría. Con esta pasta cubre el fondo de un molde y lo refrigeras, mientras prepara el relleno del pastel. Acrema el queso hasta que tenga una consistencia suave y ligera. Enseguida agrega los huevos, uno a uno, y continúa batiendo hasta incorporarlos completamente. Después añade a esta mezcla el jugo y la ralladura de naranja, la miel, la harina, el licor y, si lo deseas, el azúcar. Cuando todos los ingredientes estén incorporados, vacía la mezcla en el molde preparado que has retirado del refrigerador. Pon el pastel en el horno precalentado a temperatura media, durante una hora aproximadamente, hasta que esté bien cocido. Sácalo del horno, deja que se enfríe y lo refrigeras alrededor de doce horas antes de servirlo.

## Para las rebanadas de naranja para adornar

2 naranjas
1 taza de licor de naranja
1 taza de azúcar

## Preparación:

» Rebana las naranjas finamente. En un recipiente grueso pon a calentar el licor con el azúcar, hasta que se reduzca a un poco menos de la mitad. Debe quedar una miel. Después agrega las rodajas de naranja y las dejas a fuego lento durante quince minutos. Sácalas y resérvalas para decorar el pastel de queso.

## Nota:

Este pastel queda igualmente sabroso si sustituyes, en cantidades iguales, el jugo, la ralladura y el licor de naranja, por jugo, ralladura y licor de mandarina.

*Dulces & Postres*

# Leche *quemada*

## Ingredientes:

3 litros (¾ gal.) de leche fresca de cabra
1 raja de canela
1 kilo (2 lb.) de azúcar blanca

## Preparación:

» Hierve la leche con la canela. Mientras se entibia, pon el azúcar al fuego en un cazo de cobre. Cuando el azúcar comience a oscurecerse, agrega la leche poco a poco. Deja esta mixtura a fuego bajo durante una hora, removiendo constantemente con una cuchara de madera hasta que espesa. La dejas enfriar y la colocas sobre un platón hondo.

## Nota:

Con este dulce puedes elaborar muchas variantes. Por ejemplo, deja espesar más para formar bolitas de leche que revuelques en azúcar, con nuez, coco o higo deshidratado.
También es típico el de guayaba con ate diluido en un poco de agua y relleno con cajeta y nuez. Finalmente puedes envolverlo en papel celofán de color amarillo.

# Barras de chocolate y nuez con salsa de *caramelo*

Tiempo de preparación: 40 minutos
Porciones: 8

## Ingredientes:

### Para la pasta:

½ taza de nueces ligeramente tostadas
1 taza de harina de trigo
⅓ taza de azúcar
180 gramos (6 oz.) de mantequilla
Salsa de caramelo

### Para el relleno:

60 gramos (2 oz.) de mantequilla
½ taza de azúcar
⅓ taza de cocoa
1 cucharadita de extracto de vainilla
1 pizca de sal
2 huevos

### Para la salsa de caramelo:

150 gramos (5 oz.) de azúcar
5 cucharadas de agua hirviendo
1 ⅔ tazas de crema
1 cucharada de extracto de vainilla
30 gramos (1 oz.) de mantequilla

## Preparación:

» Para preparar la pasta muele en el procesador de alimentos las nueces con la harina y el azúcar. Agrega la mantequilla hasta que se forme una masa. Forra con esta pasta un molde cuadrado y lo metes al horno precalentado a 350 °F (175 °C) durante veinticinco minutos.

» Para el relleno hierve en un recipiente ⅓ de taza de agua con la mantequilla, el azúcar y la cocoa. Retira el recipiente del fuego y agrega la vainilla y una pizca de sal. Lo dejas enfriar durante cinco minutos y añade los huevos, uno a uno, removiendo hasta integrarlos. Vierte la mezcla sobre la pasta y hornea a temperatura media por veinte minutos, aproximadamente. Sácalo del horno, lo dejas enfriar y lo cortas en rectángulos que colocas en una bonita charola. Viertes la salsa de caramelo sobre las barras.

» Para la salsa de caramelo disuelve en una olla a fuego bajo el azúcar hasta que tome un color ámbar. Retira el caramelo del fuego y agrega cinco cucharadas de agua hirviendo. Vierte la crema y revuelve hasta que se integre. Regresa la olla al fuego teniendo cuidado de remover con una cuchara de madera hasta que la mezcla se espese. Vuelve a retirar la olla del fuego y añade la vainilla y la mantequilla hasta formar la salsa.

Hojarascas

# Hojarascas

Tiempo de preparación: 35 minutos
Porciones: 40 piezas

## Ingredientes:

400 gramos (14 oz.) de harina de trigo
100 gramos (3 oz.) de harina de maíz
150 gramos (5 oz.) de azúcar
250 gramos (8 oz.) de manteca de cerdo
3 yemas de huevo
¼ de taza de leche

## Preparación:

» Mezcla las dos harinas con el azúcar y forma una fuente. Agrega la manteca y comienza a amasar. Enseguida añade las yemas y por último la leche hasta integrar una pasta. Para formar las hojarascas haz tiras anchas de la masa; córtalas con un molde de forma circular y disponlas en una charola engrasada y enharinada. Mete al horno precalentado a temperatura media y hornea durante media hora aproximadamente.

## Nota:

Como variante puedes hacer hojarascas con chocolate: agrega a la masa 150 gramos (5 oz.) de chocolate semiamargo en trocitos y continúa con la preparación arriba descrita.

Dulces & Postres

# Queso de almendras

Tiempo de preparación: 40 minutos
Porciones: 8

## Ingredientes:

1 ¼ litros (⅓ gal.) de leche
500 gramos (1 lb.) de azúcar
250 gramos (8 oz.) de almendras
peladas y molidas
16 claras batidas a punto de turrón
Salsa de champaña para acompañar
6 yemas
75 gramos (2 a 3 oz.) de azúcar
1 taza de champaña

## Preparación:

» En un cazo pon a hervir a fuego bajo la leche con el azúcar hasta que espese, agrega las almendras y sigue moviendo hasta que se vea el fondo del caso; retira. Cuando enfríe agrega las claras, lo vacías en un molde engrasado y lo cueces en baño María. Vacía en un bonito platón, espolvorea la canela molida y lo sirves acompañado de la salsa de champaña.

» Para la salsa de champaña bate las yemas y el azúcar, puestos en baño María, hasta dejar la mezcla a punto de listón. En ese momento añade la champaña y continúa batiendo hasta que se espese. Deja enfriar la salsa antes de presentarla.

# Nogada blanca

Tiempo de preparación: 2 horas
Porciones: 25 piezas

## Ingredientes:

4 tazas de azúcar
1 litro leche de cabra
3 tazas de nueces tostadas
1 cucharadita de canela en polvo

## Preparación:

» En un cazo de cobre, a fuego muy lento, pon a calentar el azúcar junto con la leche hasta formar una cajeta. A ésta, agrega las nueces y la canela. Deja espesar y retira del fuego. Forma los dulces sobre papel encerado y déjalos enfriar.

## Nota:

Opcionalmente, puede formarse un solo dulce en forma circular, para cualesquiera de las dos recetas de Nogada (ver la página 187).

# Bebidas

# Bebida de naranja y
## *plátano*

## Ingredientes:

½ plátano rebanado
1 taza de jugo de naranja
1 cucharada de jugo de limón
½ taza de yogur natural
2 cucharadas de azúcar
Flores de azahar y hojas de naranjo para adornar
¼ taza de ron (opcional)

## Preparación:

» En la licuadora mezcla el plátano, el jugo de naranja, el jugo de limón, el ron y el yogur. Añade el azúcar hasta que todos los ingredientes se mezclen bien. Sirve en una copa refrigerada y adorna con flores de azahar y hojas de naranjo.

# Horchata

Tiempo de preparación: 15 minutos
Porciones: 8

## Ingredientes:

15 cocos (término medio)
3 latas de leche evaporada
50 gramos (2 oz.) de almendras
2 cucharadas de vainilla
1 cucharada de canela molida
250 gramos (8 oz.) de arroz
1 ½ kilos (3 lb.) de azúcar

## Preparación:

» Pon a remojar el arroz durante dos horas. Mientras tanto saca el agua y la pulpa de los cocos, la cual licuarás junto con el arroz y los demás ingredientes y cuelas.

## Nota:

Si los cocos tienen poca agua añade agua natural y hielo.

*Bebidas*

# Tequila
# *sunrise*

Tiempo de preparación: 5 minutos
Porciones: 1

## Ingredientes:

1 ½ onzas (40 ml) de tequila
½ onza (15 ml) de jugo de limón
3 onzas (100 ml) de jugo de naranja
½ onza (15 ml) de granadina
Hielo
1 rebanada de limón

## Preparación:

» Mezcla los ingredientes y sirve en un vaso alto
con hielo y la rebanada de limón.

# María bonita

## Ingredientes:

2 onzas (60 ml) de ron
1 taza de leche
1 cucharada de azúcar
50 gramos (2 oz.) de coco rallado
½ vaina de vainilla
½ limón
20 gramos (1 oz.) de flores de naranjo secas

## Preparación:

» Deja en una cazuela al fuego la leche, la hoja de naranjo, la vainilla y el azúcar. Una vez que hierva, agrega el coco rallado y cuece a fuego bajo durante tres cuartos de hora. Aparta de la lumbre, cuela y vuelve a dejar en el fuego hasta el momento de servirlo. Poco antes le agregas el ron y sirve con flores de naranjo secas.

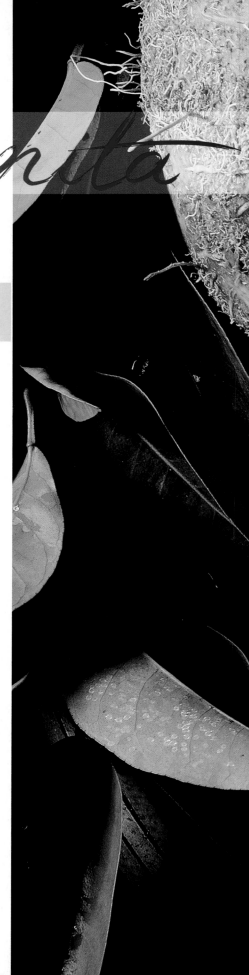

# Mezcal
# *rosa*

Tiempo de preparación: 10 minutos
Porciones: 2

## Ingredientes:

2 limones para humedecer la copa
½ taza de mezcal
6 cucharadas de jugo fresco de toronja rosa
¼ taza de licor de naranja
2 cucharaditas de azúcar pulverizada (opcional)
2 cubos de hielo
Rodajas de toronja para adornar
Sal para escarchar la copa

## Preparación:

» Enfría las copas, previamente escarchadas. En la licuadora, revuelve el mezcal, el jugo de toronja, el licor, el azúcar y los cubos de hielo durante treinta segundos. Vierte en copas y las ofreces con rodajas de toronja como adorno.

# Pulque curado de
## guanábana

Tiempo de preparación: 10 minutos
Porciones: 4

## Ingredientes:

2 cucharadas de azúcar
1 taza de apio picado
1 guanábana (su pulpa)
½ litro (1 pinta) de pulque
Hielo al gusto

## Preparación:

» Licua un vaso de pulque, el apio y el azúcar. Agrega la
guanábana, el pulque restante y el hielo. Licua nuevamente
y lo sirves frío.

Alegre *convento*

# Alegre
## convento

Tiempo de preparación: 30 minutos
Porciones: 8

## Ingredientes:

1 litro (¼ gal.) de leche
375 gramos (13 oz.) de azúcar
12 yemas de huevo
1 vaina de vainilla partida en pedacitos
½ nuez moscada partida en trocitos
4 clavos de olor
½ litro (1 pinta) de tequila

## Preparación:

» Hierve la leche, la vainilla, los clavos y la nuez moscada. Luego lo sacas del fuego, mezclas el azúcar y dejas enfriar. Bate las yemas a punto de turrón y agrega a la leche fría. Cuela con una manta húmeda y deja nuevamente en el fuego, moviendo sin cesar para que no se corte. Cuando se torne cremoso, lo apartas del fuego y deja enfriar, moviéndolo para que no se le forme nata. Una vez tibio, agrega el tequila, lo embotellas, lo tapas bien y lo dejas reposar unos días antes de tomarlo.

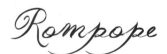

## Rompope

Esta bebida amable y tradicional de nuestro país fue inventada por las monjas clarisas del Convento de Santa Clara en Puebla de los Ángeles; las mismas que inventaron el platillo más típico de México llamado Mole Poblano, salsa deliciosa y picante con sabor a cacao, hecha con la mixtura de diferentes chiles (ají) y especias.
Al incorporar nuestro esencial tequila hemos decidido cambiar el nombre original de rompope, por el de "Alegre Convento". Conociendo el carácter festivo de estas monjas, a través de sus invenciones en bebidas, guisos e infinidad de dulces —como los camotes de Santa Clara para agasajar a obispos, superiores y curas visitantes— podemos imaginar la existencia de alguna que le haya tomado el gusto al rompope excediéndose en su ingestión y destacándose quizá como la más alegre de todas.

*Atoles*